Deutsch *aktiv* Neu

Ein Lehrwerk für Erwachsene

Lehrbuch 1B

Deutsch *aktiv* Neu

Ein Lehrwerk für Erwachsene

Lehrbuch 1B

Gerd Neuner, Theo Scherling, Reiner Schmidt und Heinz Wilms

LANGENSCHEIDT
BERLIN · MÜNCHEN · WIEN · ZÜRICH · NEW YORK

Zeichnungen und Layout: Theo Scherling
Fotografie: Ulrike Kment (s. a. Quellennachweise, S. 128)
Umschlaggestaltung: Theo Scherling
Umschlagfoto: Mauritius, Mittenwald
Redaktion: Gernot Häublein
Verlagsredaktion: Hans-Reinhard Fischer

Deutsch aktiv Neu

Ein Lehrwerk für Erwachsene

Stufe 1B

Lehrbuch 1B	49120
Arbeitsbuch 1B	49121
Lehrerhandreichungen 1B	49122
Glossar Deutsch-Englisch 1B	49123
Glossar Deutsch-Französisch 1B	49124
Glossar Deutsch-Italienisch 1B	49125
Glossar Deutsch-Spanisch 1B	49126
Glossar Deutsch-Türkisch 1B	49127
Glossar Deutsch-Polnisch 1B	49128
Glossar Deutsch-Griechisch 1B	49129
Glossar Deutsch-Russisch 1B	49131
Cassette 1B/1 Hörtexte	84555
Cassette 1B/2 Sprechübungen	84556
Begleitheft zu Cassette 1B/2	49130
Folien 1B	84557

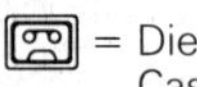 = Dieser Text aus dem Lehrbuch ist wörtlich auf Cassette 1 B/1 aufgezeichnet.

 = Zu diesem Abschnitt des Lehrbuchs enthält Cassette 1 B/1 zusätzliche Hörmaterialien.

Druck: 5. 4. | Letzte Zahlen
Jahr: 91 90 | maßgeblich

Druck: Graphische Betriebe F. Willmy GmbH, Nürnberg
Printed in Germany · ISBN 3-468-49120-4

Inhaltsverzeichnis

1

○ Können Sie nicht lesen?
● Wie bitte?
○ Warum parken Sie vor meiner Einfahrt?
Hier dürfen Sie nicht parken!
Da ist doch das Schild!

○ Hier dürfen Sie nicht parken!
● Wie bitte?
○ Das ist meine Einfahrt.
Ich kann hier nicht raus.
Ich warte schon eine Stunde.

Es tut mir ja auch leid!
Das habe ich doch nicht gesehen!
Warum sind Sie so unhöflich?
Ja, ja, schon gut!

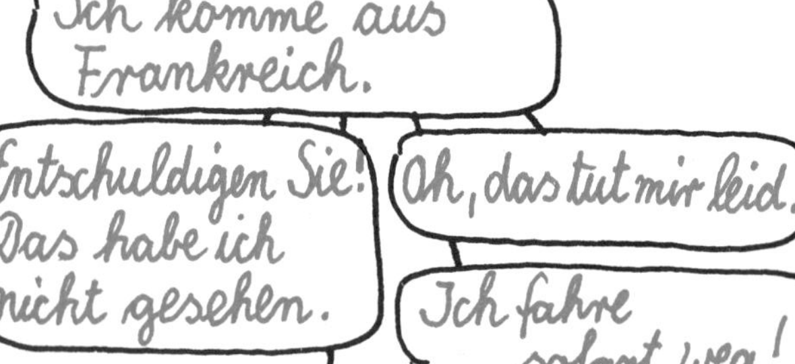

Ich komme aus Frankreich.
Entschuldigen Sie! Das habe ich nicht gesehen.
Oh, das tut mir leid.
Ich fahre sofort weg!

B1, 3

Können Sie nicht lesen? Hier dürfen Sie nicht parken! Ich kann hier nicht raus.	– Entschuldigen Sie! – Das tut mir leid! – Ich fahre sofort weg. – Warum sind Sie so unhöflich? – Wie bitte?

Ü 1 **Was sagen die Leute?**

Hier darf man nicht rauchen!

Warum sind Sie so unhöflich?

Das ist zuviel!

Oh, entschuldigen Sie!

Soll ich den nehmen?

Ich fahre sofort weg.

Wie bitte?

Wer ist das da?

Das habe ich nicht gesehen.

Was kostet das?

Hier .....

Das kann ich nicht!

Das will ich nicht!

Danke, mein Kind.

Das ist ein Privattelefon!

Können Sie nicht lesen?

Tut mir leid.

Was fehlt Ihnen denn?

Hier dürfen Sie nicht campen!

Da ist doch das Schild!

Hier können Sie nicht telefonieren.

Hier müssen Sie ruhig sein!

Danke, nicht nötig!

9A Komm, steig ein!

2

● Komm, steig ein!

○ Was willst du?

● Ich bring dich nach Hause.

○ Das kannst du nicht,
du bist betrunken!

● Quatsch, komm, steig ein!

○ Hör auf! Das darfst du nicht!

● Wer sagt das?

○ Die Polizei!

●

Das stimmt! Du hast recht! Was machen wir jetzt? *Wir nehmen ein Taxi.* *Wir gehen zu Fuß.* *Ich rufe meine Frau an …* *Wir trinken weiter!* …………………………	Das ist mir egal! Ich will nach Hause! *Ich fahre nicht mit!* *Mach, was du willst!* ………………………… *Mit dir trinke ich nie wieder!* *Du bist verrückt!*

B1–2

Komm, steig ein!	– Das darfst du nicht!
Ich bring dich nach Hause!	– Das kannst du nicht!
Natürlich kann ich!	– Mach, was du willst!
Ich will nach Hause!	– Ich fahre nicht mit!

Ü2 **Was hat Willi gemacht? Beschreiben Sie die Bilder:**

① ② ③ ④

Besetzt!
Hicks...

Vergleichen Sie Ihre Geschichte mit der Cassette.

Ü3 **Spielen Sie das Gespräch.**

Willi will jetzt vorsichtig sein. Es tut ihm leid. Die Garage hat er nicht kaputtgemacht.

Es tut mir leid!

Fred ist nicht mitgefahren. Er hat Willi gewarnt: „Du bist betrunken, das darfst du nicht! Ich habe auch zuviel getrunken. Wir dürfen beide nicht fahren!"

Ich habe zu Willi gesagt ....

Willis Frau ist böse. Willi kommt immer spät nach Hause. Gestern abend war er betrunken und ist doch Auto gefahren. Das darf man nicht! Das ist gefährlich! Willi sagt immer, er tut das nicht wieder. Warum ist Fred nicht gefahren? Er ist ein schlechter Freund!

Willi war betrunken! Warum bist du nicht gefahren?
Die Garage ... .

Der Hausmeister: Die Garage ist kaputt! Willi ist gegen das Tor gefahren. Das kostet viel Geld. Willi hat gelacht und Krach gemacht. Er hat im Hausflur gesungen.

3

Frau Reichel und Herr Ackermann sehen, daß bei Neumanns der Zeitungskasten nicht geleert ist. Herr Ackermann meint, daß Neumanns in Urlaub sind. Aber René sagt, daß das nicht sein kann; denn er sieht, daß die Garage offen ist. Hier stimmt etwas nicht, und Herr Ackermann schlägt vor, daß sie bei Ford anrufen. Da arbeitet Herr Neumann. Fritz hofft, daß die Sache spannend wird!

B3,4

Was sehen/sagen/glauben/meinen Frau Reichel/Herr Ackermann/René/Fritz ?

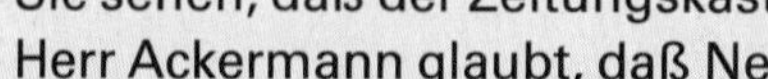

- Sie sehen, daß der Zeitungskasten nicht geleert ist.
- Herr Ackermann glaubt, daß Neumanns in Urlaub sind.
- René sagt, daß das nicht sein kann.
- Fritz sagt, daß Herr Neumann bei Ford arbeitet.
- Herr Ackermann meint, daß sie bei Ford anrufen müssen.
- Fritz hofft, daß die Sache spannend wird.

Der Schlüssel

4

Nach Carlo Manzoni

Herr Veneranda steht vor einer Haustür, sieht die dunklen Fenster und pfeift.
Im dritten Stock öffnet ein Herr das Fenster und ruft: „Haben Sie keinen Schlüssel?“
„Nein, ich habe keinen Schlüssel!“ ruft Herr Veneranda zurück.
„Ist die Haustür zu?“ ruft der Herr am Fenster wieder.
„Ja, sie ist zu“, antwortet Herr Veneranda.
„Dann werfe ich Ihnen einen Schlüssel runter“, ruft der Herr am Fenster.
„Warum?“ ruft Herr Veneranda zurück.
„Dann können Sie die Haustür aufmachen“, antwortet der Herr am Fenster.
„Also gut“, ruft Herr Veneranda, „Sie wollen, daß ich die Haustür aufmache; dann werfen Sie mal Ihren Schlüssel runter!“
„Warum will *ich* das?“ ruft der Herr am Fenster, „*Sie* wollen doch ins Haus.“
„Ich? Nein! Warum denn?“ ruft Herr Veneranda zurück.
„Wohnen Sie denn nicht hier?“ ruft der Herr am Fenster.
„Ich? Nein! Wer sagt das?“ ruft Herr Veneranda zurück.
„Und warum wollen Sie dann den Schlüssel?“ schreit der Herr am Fenster.
„Sie wollen doch, daß ich die Tür aufmache“, schreit Herr Veneranda zurück, „dann brauche ich doch einen Schlüssel!“
„Ich will doch gar nicht, daß Sie die Tür aufmachen!“ schreit der Herr am Fenster.
Da öffnet ein Herr im ersten Stock das Fenster.
„Was soll denn dieses Schreien?“ schreit er, „Man kann ja nicht schlafen!“
„Wir müssen schreien“, schreit Herr Veneranda, „sonst verstehen wir uns nicht, ich und der Herr da oben im dritten Stock.“
„Aber was will der Herr im dritten Stock denn?“ schreit der Herr im ersten Stock.
„Das weiß ich auch nicht,“ ruft Herr Veneranda. „Zuerst will er mir den Schlüssel runterwerfen. Er will, daß ich die Tür aufmache. Dann soll ich die Haustür wieder nicht aufmachen. Fragen *Sie* ihn doch mal! Auf Wiedersehen!“
Und Herr Veneranda geht.

B1,3,4

Ü4 **Schreiben Sie den Dialog auf und spielen Sie ihn.**

Ü5

„So was gibt's in meinem Land nicht. Da kennt jeder seine Nachbarn und weiß, wo sie sind."

„Bei uns stehen manchmal viele Milchflaschen vor der Haustür, wenn die Leute verreist sind."

„Ich verstehe nicht, daß der Postbote nicht mal klingelt und fragt!"

„Ich glaube nicht, daß was Schlimmes passiert ist. Die haben die Zeitungen einfach vergessen."

„Ich finde richtig, daß Frau Reichel und Herr Ackermann anrufen und fragen wollen."

„Ich bin der Meinung: Das geht die Nachbarn nichts an!"

Was meinen Sie?
Was kann man noch tun?

Ü6 **Am nächsten Morgen.....**

Sagen Sie mal, was war denn da los? Dieser Krach heute nacht!

Ja, ich habe das auch zuerst nicht verstanden. Ich habe gedacht, daß .....

Ich habe gehört Ich habe gesehen Ich habe gerufen Ich habe gedacht Er hat gesagt Er hat gedacht	, daß	Er will den Schlüssel nicht Er hat vor der Haustür gestanden und gewartet Der Mann da unten hat gepfiffen Er wohnt in unserem Haus Er hat nach oben gesehen Er wohnt hier nicht Der hat seinen Schlüssel vergessen und kann nicht rein

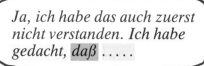

Ü7 **Meinungen in der Diskussion**

A *„Der Herr oben hat geglaubt, daß Herr Veneranda in dem Haus einen Besuch machen will."*

B *„Was, mitten in der Nacht? Nein, er hat bestimmt geglaubt, daß der in dem Haus wohnt und seinen Schlüssel vergessen hat."*

C *„Aber man kennt doch die Leute, die im Haus wohnen! Man kann doch nicht einem fremden Menschen den Hausschlüssel runterwerfen!"*

D *„Warum hat der Veneranda nicht gleich gesagt, daß er nicht in dem Haus wohnt? Ich glaube, daß das nur Spaß war."*

E *„Ich glaube eher, daß die beiden den Mann im ersten Stock ärgern wollen."*

Was meinen Sie?

Gerhard Rademacher 5

Hilfszeitwörter

Ihr sollt,
ihr müßt,
ihr dürft

euch die Füße abputzen,
nicht spucken,
nicht töten,
nicht ehebrechen,
st nicht trennen.

den Zebrastreifen benutzen,
den Schmutz abstreifen,
den Hörer nehmen,
die Auskunft anrufen.

Ü8 Was paßt zusammen?

Ihr sollt Ihr müßt Ihr dürft (nicht)	rechts fahren links überholen faul in der Sonne liegen auf dem Bürgersteig parken Substantive groß schreiben zu meinem Geburtstag kommen mit Schuhen ins Bett gehen euch beim Start anschnallen in der Kirche rauchen viel Schnaps trinken mich in Ruhe lassen

Ü9 Schreiben Sie den Text „Hilfszeitwörter" weiter.

Mögen – Nichtmögen

In einer Bar sitzen zwei Männer.
Fragt der eine den anderen: „Magst du die Amerikaner?"
Und der andere antwortet nachdrücklich: „Nein."
„Magst du die Franzosen?" fragt der erste. – „Nein." …
„Die Engländer?" – „Nein."
„Die Russen?" – „Nein."
„Die Deutschen?" – „Nein."

Es entsteht eine Pause; dann fragt der erste, indem er sein Glas ergreift: „Wen magst du denn eigentlich?" – „Meine Freunde", sagt der andere wie selbstverständlich.

Ü10 6

~~Amerikaner~~
~~Franzosen~~
_____
_____
_____
Freunde

1 Die Konjugation: Modalverben (2) → 5B1

○ Was willst du?
● Ich bring dich nach Hause.
○ Das kannst du nicht!
● Natürlich kann ich!
Ich will nach Hause!
○ Hör auf! Das darfst du nicht!

○ Können Sie nicht lesen?
Hier dürfen Sie nicht parken!
Ich kann hier nicht raus.

Infinitiv		können	wollen	dürfen	
Singular					
1. Person	ich	kann- —	will- —	darf- —	—
2. Person	du	kann- st	will- st	darf- st	-st
	Sie	könn- en	woll- en	dürf- en	-en
3. Person	er sie es	kann- —	will- —	darf- —	—
Plural					
1. Person	wir	könn- en	woll- en	dürf- en	-en
2. Person	ihr	könn- t	woll- t	dürf- t	-t
	Sie	könn- en	woll- en	dürf- en	-en
3. Person	sie	könn- en	woll- en	dürf- en	-en

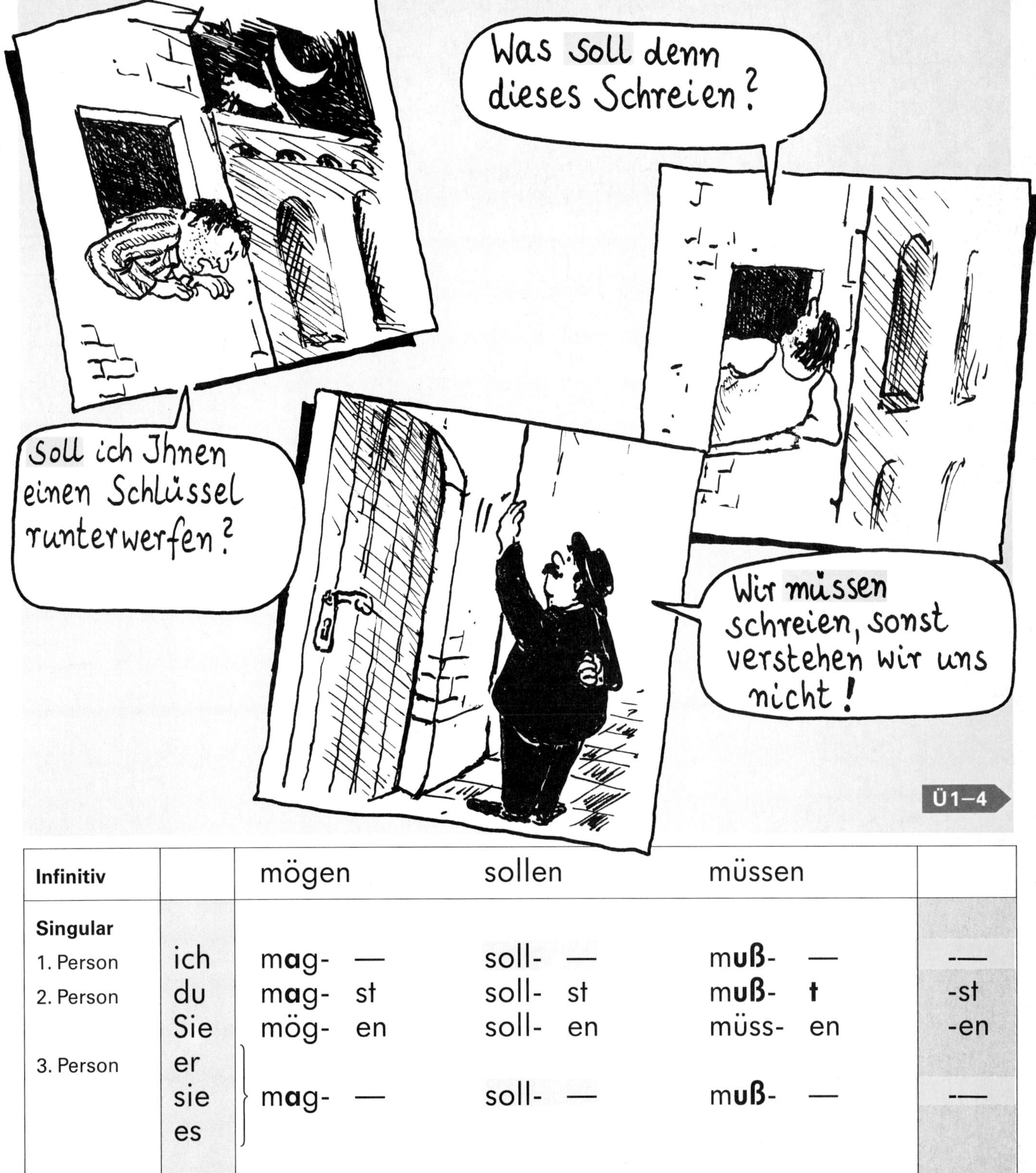

Soll ich Ihnen einen Schlüssel runterwerfen?
Was soll denn dieses Schreien?
Wir müssen schreien, sonst verstehen wir uns nicht!

Ü1–4

Infinitiv		mögen		sollen		müssen		
Singular								
1. Person	ich	m**a**g-	—	soll-	—	mu**ß**-	—	—
2. Person	du	m**a**g-	st	soll-	st	mu**ß**-	**t**	-st
	Sie	mög-	en	soll-	en	müss-	en	-en
3. Person	er / sie / es	m**a**g-	—	soll-	—	mu**ß**-	—	—
Plural								
1. Person	wir	mög-	en	soll-	en	müss-	en	-en
2. Person	ihr	mög-	t	soll-	t	mü**ß**-	t	-t
	Sie	mög-	en	soll-	en	müss-	en	-en
3. Person	sie	mög-	en	soll-	en	müss-	en	-en

2 Modalverb = Vollverb → 2B5

2.1 Die Aussage

Ich will nach Hause.
Das darfst du nicht.

(Verb)

2.2 Die Wortfrage

Was willst du?
Was darf ich nicht?

(Verb)

2.3 Die Satzfrage

Willst du nach Hause?
Darf ich das nicht?

(Verb)

3 Modalverb + Vollverb: Verbklammer → 6B2–4

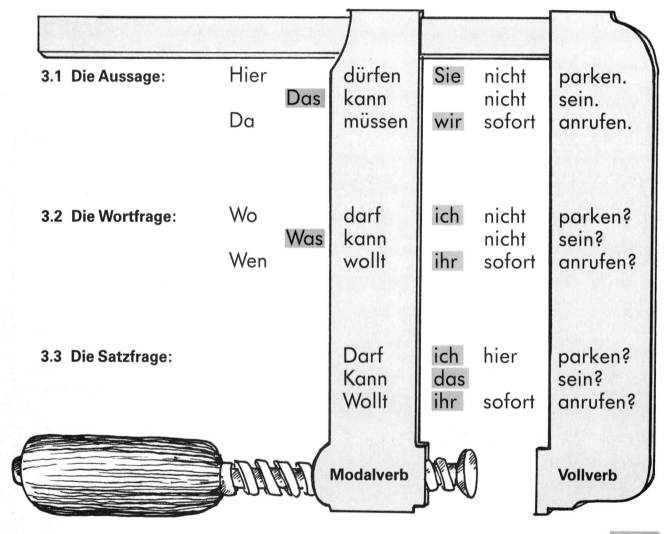

			Modalverb			Vollverb
3.1 Die Aussage:	Hier		dürfen	Sie	nicht	parken.
		Das	kann		nicht	sein.
	Da		müssen	wir	sofort	anrufen.
3.2 Die Wortfrage:	Wo		darf	ich	nicht	parken?
		Was	kann		nicht	sein?
	Wen		wollt	ihr	sofort	anrufen?
3.3 Die Satzfrage:			Darf	ich	hier	parken?
			Kann	das		sein?
			Wollt	ihr	sofort	anrufen?

Ü1–4

Subordination: Nebensätze mit „daß" 4

4.1 Die Konjunktion „daß" nach Verben

Sie	sehen,	daß	der Zeitungskasten nicht geleert ist.
Herr A.	meint,	daß	Neumanns in Urlaub sind.
	glaubt,	daß	
Frau R.	sagt,	daß	sie das nicht glaubt.
René	sieht,	daß	die Garage offen ist.
	sagt,	daß	
Fritz	hofft,	daß	
	möchte,	daß	die Sache spannend wird.
	will,	daß	

sehen, sagen, glauben, meinen, hoffen, wollen, ...	daß	.....

4.2 Nebensätze: Satzrahmen

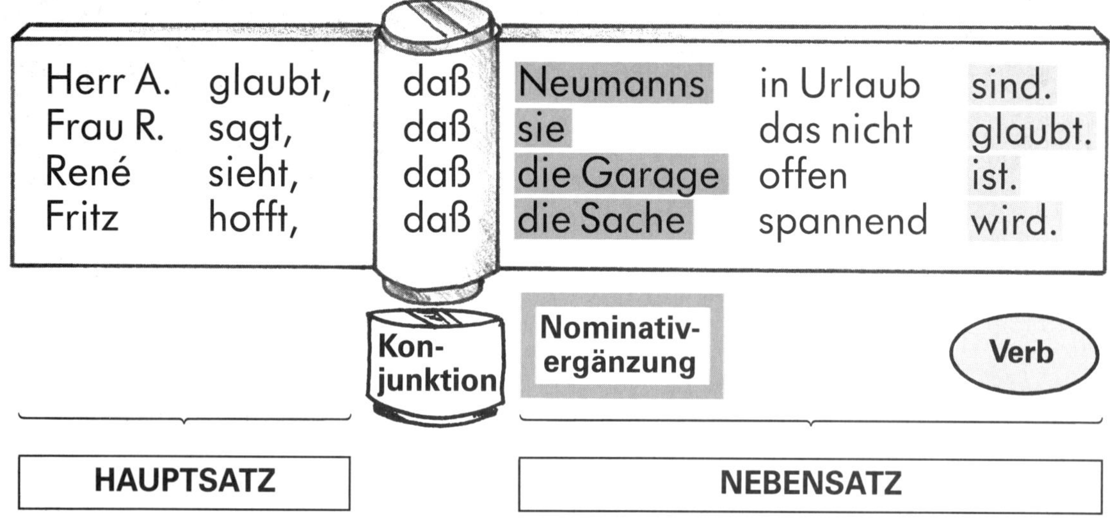

HAUPTSATZ	NEBENSATZ

4.3 „daß"-Satz = Akkusativergänzung ⟶ 5B2

Herr Ackermann	glaubt	:	Neumanns sind in Urlaub.
		,	daß Neumanns in Urlaub sind.
René	sieht	:	Die Garage ist offen.
		,	daß die Garage offen ist.

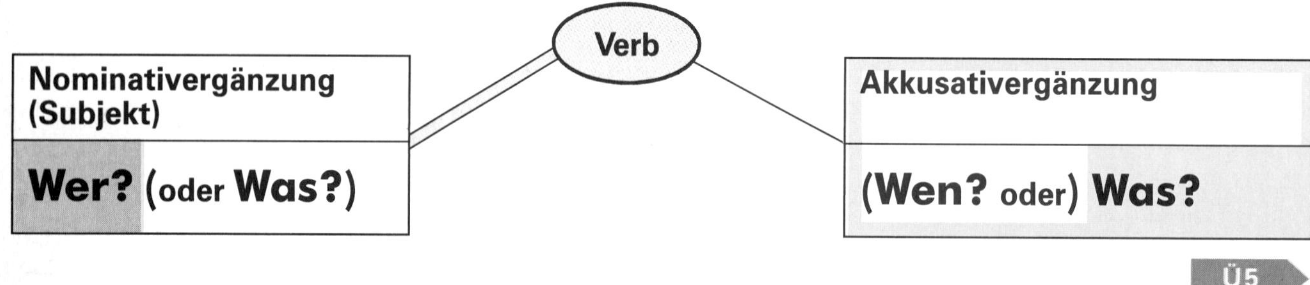

Ü5

Ü1 **Nr. 1: Was kann man / kannst du / können Sie hier machen?**

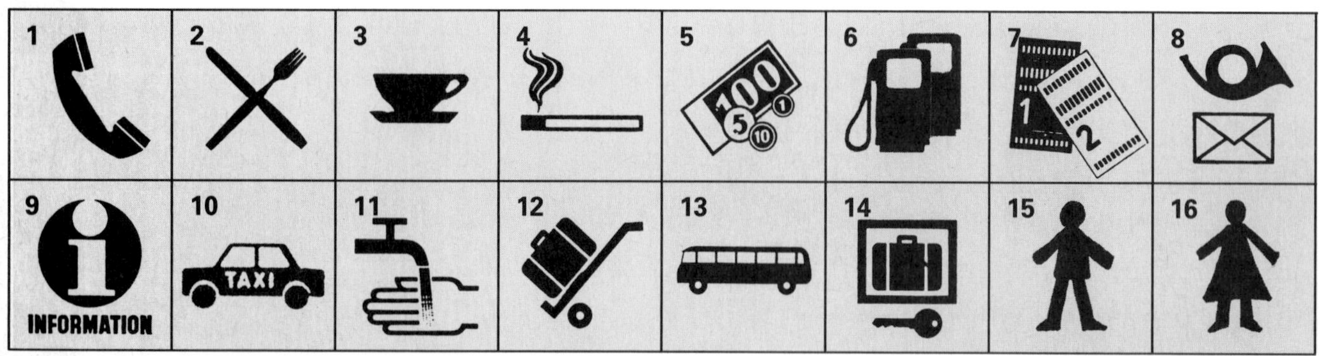

Nr. 1: Hier **kann** man / **kann** ich / **können** wir **telefonieren.**
Briefe aufgeben / Briefmarken kaufen; Fahrkarten kaufen; Geld wechseln; tanken; rauchen; etwas trinken; Information/Auskunft bekommen; etwas essen; ein Taxi nehmen; einen Gepäckträger rufen; das Gepäck aufbewahren; ein WC für Herren finden; eine Damentoilette finden; Hände waschen; in den Bus einsteigen

Ü2 **Was darf man / darfst du / dürfen Sie hier nicht machen?**

Hier **darf** man / **darf** ich / **dürfen** wir nicht...

eintreten/hineingehen; laut sein; hineinfahren; halten; angeln; parken; abbiegen; rauchen; weiterfahren

Ü3 **Was willst du heute tun?/Was wollen Sie machen? Ski fahren oder schwimmen? – Ich will schwimmen.**

Ski fahren; schwimmen; Rollschuh laufen; Tischtennis spielen; tanzen; Fußball spielen; Gymnastik/Judo machen; radfahren

Ü4 **Was muß man/mußt du/müssen Sie hier tun? – Hier muß man/muß ich/müssen wir...**

rechts abbiegen; anhalten; die Vorfahrt beachten; vorsichtig fahren; bei Rot halten

Ü5 **Was sagt Rocko?**

„Ich habe Hunger!"	– **„Was sagt er??"**	– **„Er sagt, daß er Hunger hat."**	– **„Ach so."**
„Ich habe Durst!"			– „O.K."
„Ich möchte ein Bier!"			– „Na und?!"
„Ich suche eine Frau!"			– „Ich auch!"
„Ich finde den Mars schön!"			– „Wieso?"
„Ich möchte wieder nach Hause."			– „Wirklich?"
„Deutschlernen macht Spaß!!!"			– „Na so was!"
„Ich bin traurig."			– „Ganz und gar nicht!"
			– „Wie schade!"

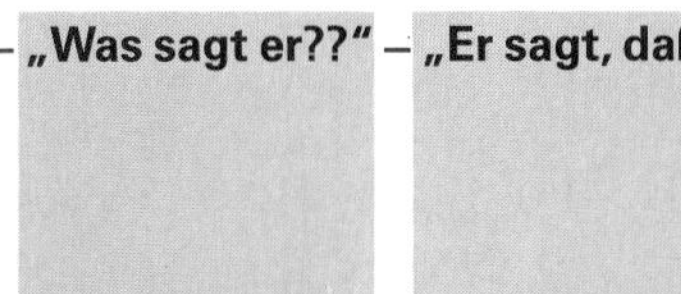

1

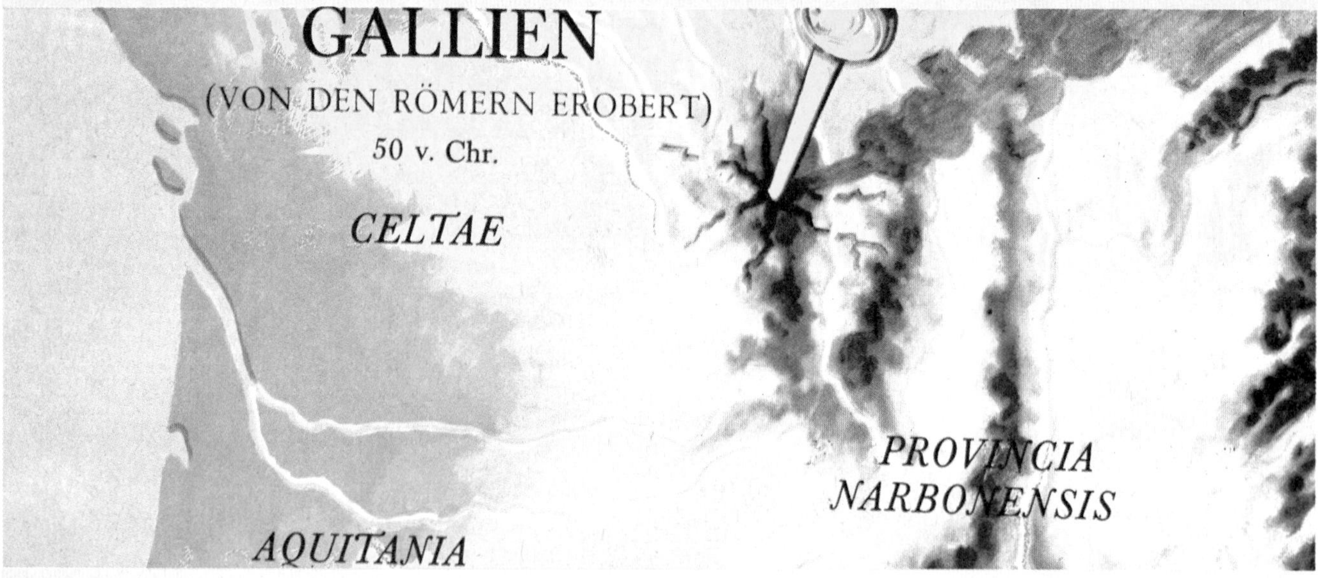

Die Römer eroberten ganz Gallien.
Das war um 50 vor Christus.

Sie schützten die Grenze zwischen Gallien und Germanien.

Plötzlich kamen die Germanen; sie sangen laut, marschierten nach Gallien und griffen die Römer an.

Sofort verließ die erste römische Legion das Lager.

Ganz vorne marschierte der General Fortissimus. Die Soldaten trugen schwere Waffen. Hinten fuhr der Koch. Er hatte viel Wein und Essen auf seinem Wagen.

Die Germanen	sangen	laut.
	marschierten	nach Gallien.
	griffen	die Römer an.
Sofort	verließ	die erste römische Legion das Lager.
Ganz vorne	marschierte	der General Fortissimus.
Hinten	fuhr	der Koch.

B1

Ü1 Welche Texte gehören zu den Bildern ①–⑧?

①

②

③

④

Ⓐ Aber wo waren die Germanen? Sie waren alle weg. Die Römer konnten keinen von ihnen sehen.

Ⓑ Sie feierten ein großes Fest, tranken Bier und sangen laut.

Ⓒ Schließlich kamen die Römer an den Rhein. Die Germanen warteten auf der anderen Seite.

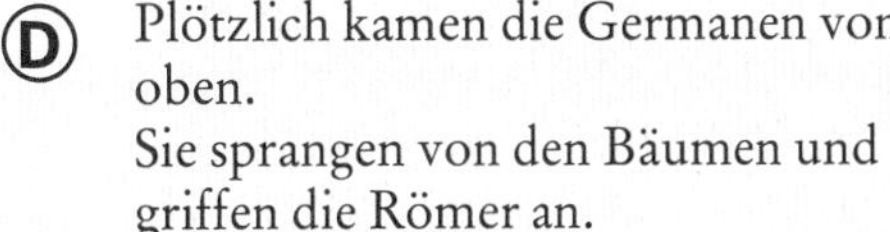

Ⓓ Plötzlich kamen die Germanen von oben.
Sie sprangen von den Bäumen und griffen die Römer an.

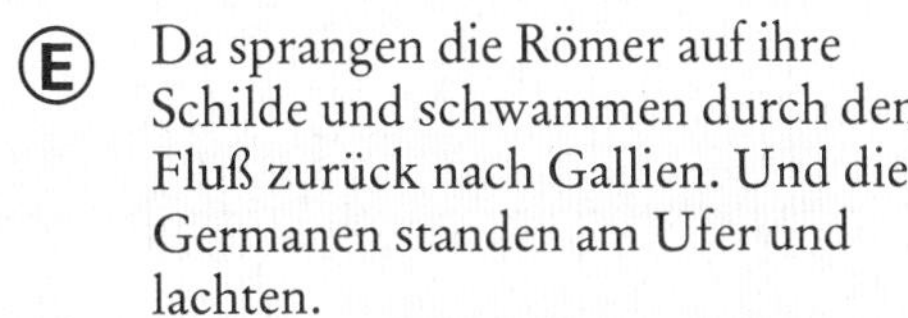

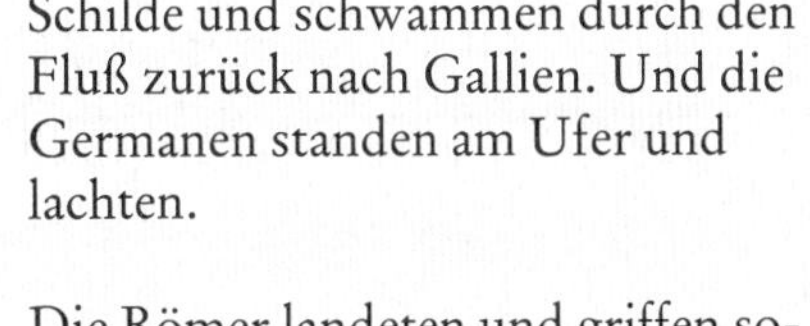

Ⓔ Da sprangen die Römer auf ihre Schilde und schwammen durch den Fluß zurück nach Gallien. Und die Germanen standen am Ufer und lachten.

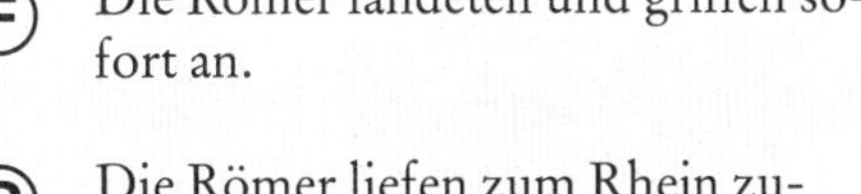

Ⓕ Die Römer landeten und griffen sofort an.

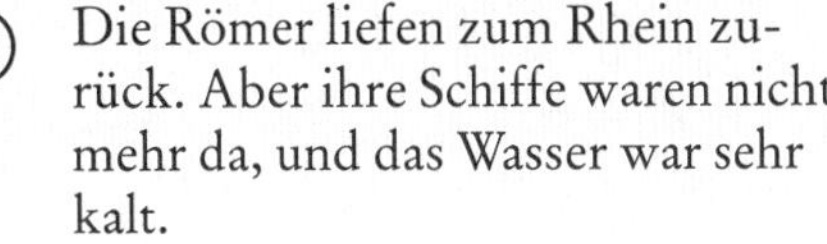

Ⓖ Die Römer liefen zum Rhein zurück. Aber ihre Schiffe waren nicht mehr da, und das Wasser war sehr kalt.

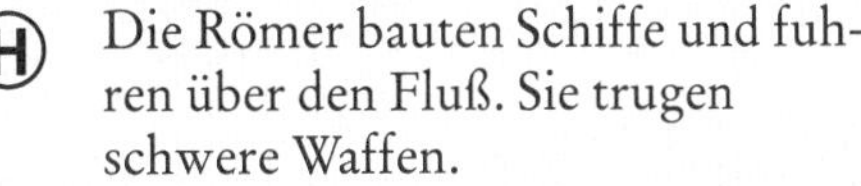

Ⓗ Die Römer bauten Schiffe und fuhren über den Fluß. Sie trugen schwere Waffen.

⑤

⑥

⑦

⑧

Ü2 Erzählen Sie die Geschichte mit Ihren Worten.

2

DIE GESCHICHTE VON ANTEK PISTOLE
Ein Roman aus Margarinien

Margarinien ist ein Land,
ein Land wie Griechenland, Jugoslawien
und die Türkei — nur etwas kleiner.
Margarinien liegt im Süden.

In einem kleinen Dorf in Margarinien
lebte vor 70 Jahren Antek Pistole, der Besenbinder.
Was ist ein Besenbinder?
Ein Mann, der Besen macht!

Antek Pistole war ein guter, ehrlicher Mensch.
Er lebte gut mit allen Menschen zusammen
und machte nie einen Streit.
Antek war stark wie ein Bär.
Er arbeitete Tag für Tag
und machte Besen, sehr gute Besen,
die nie kaputtgingen.
Jeden Tag machte er 5 Besen.
Er verkaufte sie und kaufte sich
für das Geld Brot, Wurst und eine Flasche Bier.

Antek hatte das Besenbinden von seinem Vater gelernt.
Und der hatte es auch von seinem Vater gelernt,
und der auch von seinem Vater usw.
Jeder hatte es von seinem Vater gelernt.

In dem kleinen Dorf lebten damals nur 311 Leute.
Bald hatten alle einen Besen von Antek.
Und leider waren Anteks Besen viel zu gut,
sie gingen nie kaputt.
Sie waren so gut, daß die Mutter den Besen
an die Kinder weitergab und die Kinder
wieder an die Kinder.

Alle, alle hatten einen Besen von Antek!

WAS
ABER
MACHTE
ANTEK
DANN???

B1, 3, 6

Ü3 Erzählen Sie.

Margarinien	verkaufte	ein guter, ehrlicher Mensch.
In einem kleinen Dorf	hatten	viel zu gut.
Antek Pistole	arbeitete	im Süden.
Anteks Besen	war	nie einen Streit.
Alle	waren	Tag für Tag.
	ist	das Besenbinden von seinem Vater gelernt.
	gingen	die Besen.
	lebte	ein Land.
	hatte	sich Brot, Wurst und eine Flasche Bier.
	liegt	Besen, sehr gute Besen.
	machte	gut mit allen Menschen zusammen.
	kaufte	einen Besen von Antek.
		Antek Pistole, der Besenbinder.
		nie kaputt.

Ü4 Was aber machte Antek dann?

Ü5 Rollenspiel:

Ⓐ Du bist Antek Pistole.
Du mußt Besen verkaufen.
Du brauchst Geld.
Geh zu den Leuten und verkaufe ihnen Besen.
Zeig ihnen deine Besen.
Geh nicht weg, bis sie gekauft haben!
Du brauchst Geld!

B1 Antek Pistole kommt zu dir.
Aber du hast schon einen Besen.
Frage, was ein neuer Besen kostet.
Wenn Antek "6 Mark" sagt, gib ihm nur 3 Mark!

B2 Antek kommt mit Besen.
Dein Besen ist schon alt.
Kaufe einen neuen.
Aber du hast nicht genug Geld!

B3 Antek will dir einen Besen verkaufen.
Aber du hast schon zwei.
Kaufe keinen neuen, aber sei nett und freundlich zu Antek!

B4 Antek braucht Geld.
Er will dir einen Besen verkaufen.
Du hast schon einen Besen vom ihm gekauft (vor 14 Tagen).
Vielleicht braucht deine Schwester einen Besen?

B5 ....
....
....

3

Ü6 **Beschreiben Sie die drei Männer genau.**

Peter Weiss

Das Gespräch der drei Gehenden

Es waren Männer, die nur gingen gingen gingen. Sie waren groß, sie waren bärtig, sie trugen Ledermützen und lange Regenmäntel, sie nannten sich Abel, Babel und Cabel, und während sie gingen, sprachen sie miteinander. Sie gingen und sahen sich um und sahen, was sich zeigte, und sie sprachen darüber und über anderes, was sich früher gezeigt hatte. Wenn einer sprach, schwiegen die beiden anderen und hörten zu oder sahen sich um und hörten auf anderes, und wenn der eine zu Ende gesprochen hatte, sprach der zweite, und dann der dritte, und die beiden andern hörten zu oder dachten an anderes. Sie gingen mit festen Schuhen, doch ohne Gepäck, trugen bei sich nur, was in den Taschen der Kleidungsstücke lag, ... Da sie einander ähnlich waren, wurden sie von den Passanten für Brüder gehalten, sie waren aber keine Brüder, waren nur Männer, die gingen gingen gingen, nachdem sie einander zufällig begegnet waren.

B3–6

Ü7
- **Lesen Sie den Text laut. Wie klingt das?**
- **Hören Sie den Text von der Cassette und vergleichen Sie.**
- **Das Präteritum (*waren, gingen, trugen ...*) ist das Tempus der „Erzählung". Wie viele Präteritumformen sind in diesem Text? – Gibt es auch noch andere Tempusformen? (→ 10B)**
- **„Es sind einmal drei Männer gewesen, die sind gegangen, gegangen, gegangen ....." – Wie klingt das?**
- **Was passiert in der Geschichte?**
- **Was könnten die Namen „Abel", „Babel", „Cabel" bedeuten?**

LEBENSLAUF

Angaben zur Person		Klaus Haase Bereiteranger 5 8000 München 90
Geburtsdatum/-ort		26.4.1947 Parchim/Mecklenburg
Staatsangehörigkeit		deutsch
Familienstand		ledig
Religion		evangelisch
Eltern		Hans-Joachim Haase; Käthe Haase, geb. Jensen
Schulbildung	1953-57	Grundschule Berlin-Zehlendorf
	1957-66	Humanistisches Gymnasium Berlin-Steglitz, Abschluß: Abitur
Ausbildung und berufliche Tätigkeit	1966-69	Studium der Germanistik und Anglistik an der Freien Universität Berlin
	1969-71	Fortsetzung des Studiums an der Ludwig-Maximilians-Universität München
	1969-70	Fremdenführer für das Amtliche Bayerische Reisebüro (ABR)
	1970-71	Dolmetscher und Betreuer für Staatsgäste der Bayerischen Staatskanzlei; freier Mitarbeiter beim Südwestfunk
	1972-77	Dozent für "Deutsch als Fremdsprache" an der Volkshochschule München
	1977	Wiederaufnahme und Abschluß des Studiums an der Universität München Abschluß: Magister Artium (M. A.)
	1977-79	Freiberuflicher Rundfunk- und Verlagslektor; Schauspielausbildung an privaten Studios in München und Berlin
	1980-81	Wissenschaftlicher Berater für Berliner Museen
	seit 1982	Freiberuflicher Publizist und Museumsberater. Ständiger Mitarbeiter bei "Westermanns Monatsheften"

Ü8

- **Wo hat Klaus Haase gelebt?**
- **Wie lange hat er studiert?**
- **Wo (bei wem) hat er gearbeitet?**
- **Was meinen Sie: Verdient Klaus Haase viel Geld?**

Ausschnitt aus dem handschriftlichen Lebenslauf von Klaus Haase

Von 1966–1969 studierte ich Germanistik und Anglistik an der Freien Universität Berlin und setzte das Studium von 1969–1971 an der Ludwig-Maximilians-Universität in München fort. Während der Studienzeit in München arbeitete ich von 1969–1970 als Fremdenführer für das Amtliche Bayerische Reisebüro, von 1970–1971 als Dolmetscher und Betreuer von Staatsgästen für die Bayerische Staatskanzlei. Außerdem war ich als freier Mitarbeiter für den Südwestfunk tätig.

Von 1972–1977 unterbrach ich das Studium und arbeitete als Dozent für „Deutsch als Fremdsprache" an der Volkshochschule München. 1977 nahm ich das Studium der Germanistik und Anglistik an der Ludwig-Maximilians-Universität wieder auf und schloß es mit dem Magister Artium ab.

Von 1977–1979 arbeitete ich

Ü9

- **Wie finden Sie Klaus Haases Schrift?**
- **Welche Zeit beschreibt dieser handschriftliche Text?**
- **Was machte/arbeitete Klaus Haase gleichzeitig?**
- **Hören Sie Klaus Haase von der Cassette.**
- **Schreiben Sie einen Teil Ihres Lebenslaufs (ca. 10 Jahre).**

Ausschnitt aus einer Buchkritik von Klaus Haase

Ein Grieche in Deutschland

Wer Lust hat, Deutschland mit den respektlosen Augen eines Griechen zu sehen, der sollte sich diesen Roman von Dimitris Chatzis über den Gastarbeiter Kosta nicht entgehen lassen: **Das doppelte Buch.** Der Lagerarbeiter Kosta erzählt voll Witz, was er in seinem bundesdeutschen Alltag sieht und sich dazu denkt: über die Arbeit in einer Fabrik für Autoscheinwerfer, über sein Junggesellenleben und die Liebe mit deutschen Frauen, über die griechischen Caféhausphilosophen, über sein kleines Einmanntheater beim Einkaufen und bei allem über seine Einsamkeit und Heimatlosigkeit. Stolz fordert er von seinem Autor eine Gedenktafel im Hinterhof: *„Hier wohnte einstmals der Fremdeste aller Fremden im Staate der Fremden."*

Der Stimme des Kistentransportierers Kosta und seiner Erzählung über das doppelte Leben als Heimatloser und Grieche zuzuhören lohnt sich.

Dimitris Chatzis, Das doppelte Buch.
Romiosini Verlag Köln, 159 S., 19,80 DM

Ü10

- **Wovon handelt dieser Text? Was will er sagen?**
- **Wer ist die Hauptfigur in diesem Buch?**
- **Was erzählt/beschreibt diese Hauptfigur?**
- **Was soll auf seiner „Gedenktafel" stehen? Warum?**
- **Wie findet Klaus Haase dieses Buch?**
- **Wer ist der Autor dieses Buches?**

5

Es war einmal ein kleines Mädchen, dem war Vater und Mutter gestorben, und es war so arm, daß es kein Kämmerchen mehr hatte, darin zu wohnen, und kein Bettchen mehr, darin zu schlafen, und endlich gar nichts mehr als die Kleider auf dem Leib und ein Stückchen Brot in der Hand, das ihm ein mitleidiges Herz geschenkt hatte. Es war aber gut und fromm.

Ü11

- Lesen Sie den Anfang des Märchens.
  - Sechsmal sehen Sie hier das kleine Mädchen; es sieht jedesmal anders aus.
    - Beschreiben und erzählen Sie die Bildgeschichte.

Und wie es so stand und gar nichts mehr hatte, ...

Ü12

- Wie geht die Geschichte weiter? Sammeln Sie Ideen.
- Schreiben Sie den Schluß!
- Suchen Sie eine Überschrift.

Die Sterntaler

Gebrüder Grimm

Es war einmal ein kleines Mädchen, dem war Vater und Mutter gestorben, und es war so arm, daß es kein Kämmerchen mehr hatte, darin zu wohnen, und kein Bettchen mehr, darin zu schlafen, und endlich gar nichts mehr als die Kleider auf dem Leib und ein Stückchen Brot in der Hand, das ihm ein mitleidiges Herz geschenkt hatte. Es war aber gut und fromm. Und weil es so von aller Welt verlassen war, ging es im Vertrauen auf den lieben Gott hinaus ins Feld. Da begegnete ihm ein armer Mann, der sprach: „Ach, gib mir etwas zu essen, ich bin so hungerig." Es reichte ihm das ganze Stückchen Brot und sagte: „Gott segne dir's", und ging weiter. Da kam ein Kind, das jammerte und sprach: „Es friert mich so an meinem Kopfe, schenk mir etwas, womit ich ihn bedecken kann." Da tat es seine Mütze ab und gab sie ihm. Und als es noch eine Weile gegangen war, kam wieder ein Kind und hatte kein Leibchen an und fror: da gab es ihm seins; und noch weiter, da bat eins um ein Röcklein, das gab es auch von sich hin. Endlich gelangte es in einen Wald, und es war schon dunkel geworden, da kam noch eins und bat um ein Hemdlein, und das fromme Mädchen dachte: „Es ist dunkle Nacht, da sieht dich niemand, du kannst wohl dein Hemd weggeben", und zog das Hemd ab und gab es auch noch hin. Und wie es so stand und gar nichts mehr hatte, fielen auf einmal die Sterne vom Himmel, und waren lauter harte blanke Taler; und ob es gleich sein Hemdlein weggegeben, so hatte es ein neues an, und das war vom allerfeinsten Linnen. Da sammelte es sich die Taler hinein und war reich für sein Lebtag.

Z. 18 *Leibchen:* kurze Jacke ohne Ärmel
Z. 21 *es gelangte:* es kam
Z. 29 *Taler:* Geldstück(e)
Z. 31 *Linnen:* Leinen (Stoff)
Z. 32 *für sein Lebtag:* sein Leben lang

Ü 13

- **Zuerst kommt ein armer Mann. Wer kommt dann? Unterstreichen Sie die Personen im Text.**
- **Was gibt das kleine Mädchen dem Mann und den Kindern?**
- **Unterstreichen Sie alle Ausdrücke für „bitten" und „geben" im Text.**
- **In diesem Märchen sind einige *Verkleinerungsformen*, z. B.: „Kammer*chen*" = kleine Kammer (kleines Zimmer) oder „Röck*lein*" = kleiner Rock. Suchen Sie noch andere Wörter auf *-chen* und *-lein*.**
- **Vergleichen Sie „Ihren" Schluß der Geschichte mit dem Märchentext ab Zeile 27.**
- **Das Märchen hat drei Teile, welche? Suchen Sie drei Überschriften.**

B6

Ü 14 Hören Sie das Märchen „Die Sterntaler" vom Band.

6

Hans Magnus Enzensberger

nänie auf den apfel

hier lag der apfel
hier stand der tisch
das war das haus
das war die stadt
hier ruht das land.

dieser apfel dort
ist die erde
ein schönes gestirn
auf dem es äpfel gab
und esser von äpfeln.

Ü 15

- **Wie viele Sätze (Verse) hat die erste Strophe?**
- **Beschreiben Sie die Form der Sätze.**
- **Wie viele Sätze hat die zweite Strophe?**
- **„Nänie" heißt „Klagelied". Warum ist dieses Gedicht ein Klagelied?**

7

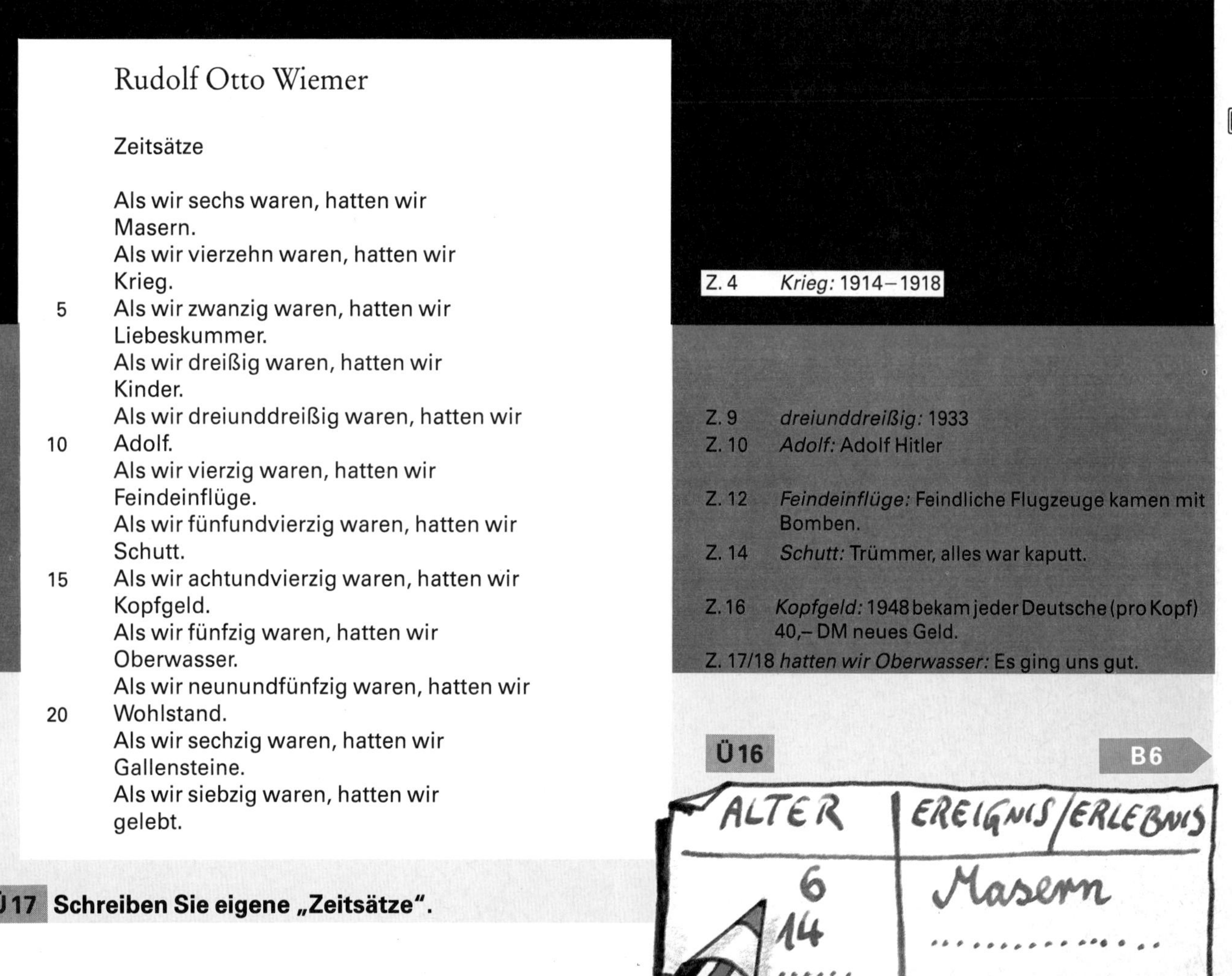

Rudolf Otto Wiemer

Zeitsätze

Als wir sechs waren, hatten wir
Masern.
Als wir vierzehn waren, hatten wir
Krieg.
Als wir zwanzig waren, hatten wir
Liebeskummer.
Als wir dreißig waren, hatten wir
Kinder.
Als wir dreiunddreißig waren, hatten wir
Adolf.
Als wir vierzig waren, hatten wir
Feindeinflüge.
Als wir fünfundvierzig waren, hatten wir
Schutt.
Als wir achtundvierzig waren, hatten wir
Kopfgeld.
Als wir fünfzig waren, hatten wir
Oberwasser.
Als wir neunundfünfzig waren, hatten wir
Wohlstand.
Als wir sechzig waren, hatten wir
Gallensteine.
Als wir siebzig waren, hatten wir
gelebt.

Z. 4 *Krieg:* 1914–1918

Z. 9 *dreiunddreißig:* 1933
Z. 10 *Adolf:* Adolf Hitler
Z. 12 *Feindeinflüge:* Feindliche Flugzeuge kamen mit Bomben.
Z. 14 *Schutt:* Trümmer, alles war kaputt.
Z. 16 *Kopfgeld:* 1948 bekam jeder Deutsche (pro Kopf) 40,– DM neues Geld.
Z. 17/18 *hatten wir Oberwasser:* Es ging uns gut.

Ü 16 B6

Ü 17 Schreiben Sie eigene „Zeitsätze".

10B

1 Das Präteritum: unregelmäßige Verben → 4B3

Die Römer eroberten ganz Gallien.

Das war um 50 vor Christus.

Sie schützten die Grenze zwischen Gallien und Germanien.

Plötzlich kamen die Germanen; sie sangen laut, marschierten nach Gallien und griffen die Römer an.

Sofort verließ die erste römische Legion das Lager.

Infinitiv		kommen	verlassen	fahren	verlieren	
Singular						
1. Person	ich	kam- —	verließ- —	fuhr- –	verlor- —	—
2. Person	du	kam- st	verließ- t	fuhr- st	verlor- st	-st
	Sie	kam- en	verließ- en	fuhr- en	verlor- en	-en
3. Person	er / sie / es	kam- —	verließ- —	fuhr- —	verlor- —	—
Plural						
1. Person	wir	kam- en	verließ- en	fuhr- en	verlor- en	-en
2. Person	ihr	kam- t	verließ- t	fuhr- t	verlor- t	-t
	Sie	kam- en	verließ- en	fuhr- en	verlor- en	-en
3. Person	sie	kam- en	verließ- en	fuhr- en	verlor- en	-en

Präteritum → **Präteritum-signal** + **Endung**

– Das Präteritum: regelmäßige Verben

1

DIE GESCHICHTE VON ANTEK PISTOLE
Ein Roman aus Margarinien

In einem kleinen Dorf in Margarinien lebte vor 70 Jahren Antek Pistole, der Besenbinder.

Er arbeitete Tag für Tag und machte Besen, sehr gute Besen.
Er verkaufte sie und kaufte sich für das Geld Brot, Wurst und eine Flasche Bier.

In dem kleinen Dorf lebten damals nur 311 Leute.
Bald hatten alle einen Besen von Antek.

Da mußte Antek in die große Stadt fahren...

Ü1

Infinitiv		leben	arbeiten	müssen	
Singular					
1. Person	ich	leb- t -e	arbeit- et -e	muß- t -e	-e
2. Person	du	leb- t -**e**st	arbeit- et -**e**st	muß- t -**e**st	-**e**st
	Sie	leb- t -en	arbeit- et -en	muß- t -en	-en
3. Person	er / sie / es	leb- t -e	arbeit- et -e	muß- t -e	-e
Plural					
1. Person	wir	leb- t -en	arbeit- et -en	muß- t -en	-en
2. Person	ihr	leb- t -**e**t	arbeit- et -**e**t	muß- t -**e**t	-**e**t
	Sie	leb- t -en	arbeit- et -en	muß- t -en	-en
3. Person	sie	leb- t -en	arbeit- et -en	muß- t -en	-en

Präteritum → **Präteritum-signal**  **Endung**

2 Stammformen der unregelmäßigen Verben

	Infinitiv	Präsens (3. Sg.)	Präteritum (3. Sg.)	Partizip II
① a)	bleiben schreiben		blieb schrieb	geblieben geschrieben
b)	schneiden (an)greifen		schnitt griff (an)	geschnitten (an)gegriffen
② a)	schießen (auf)schließen		schoß schloß (auf)	geschossen (auf)geschlossen
b)	verlieren fliegen		verlor flog	verloren geflogen
③ a)	singen trinken		sang trank	gesungen getrunken
b)	beginnen		begann	begonnen
④ a)	sprechen kommen	spricht	sprach kam	gesprochen gekommen
b)	essen vergessen	ißt vergißt	aß vergaß	ge**g**essen vergessen
⑤ a)	nehmen	ni**mm**t	nahm	genommen
b)	lesen sehen	liest sieht	las sah	gelesen gesehen
⑥	heben		hob	gehoben
⑦ a)	verlassen (an)fangen	verläßt fängt (an)	verließ fing (an)	verlassen (an)gefangen
b)	fahren tragen	fährt trägt	fuhr trug	gefahren getragen
⑧	rufen heißen		rief hieß	gerufen geheißen
⚠	gehen stehen tun werden		gi**ng** sta**nd** tat wurd**e**	gega**ng**en gesta**nd**en geta**n** geworden

Ü1

Das Plusquamperfekt → 6B7

3

ANTEK PISTOLE

Antek Pistole war ein Besenbinder.
Antek hatte das Besenbinden von seinem Vater gelernt, und der hatte es auch von seinem Vater gelernt usw.

Das Gespräch der drei Gehenden

...und wenn der eine zu Ende gesprochen hatte, sprach der zweite, und dann der dritte,...
...sie waren aber keine Brüder, waren nur Männer, die gingen, gingen, gingen, nachdem sie einander zufällig begegnet waren.

		Plusquamperfekt mit „haben"		**Plusquamperfekt mit „sein"**	
Singular					
1. Person	ich	hatte	gelernt	war	begegnet
2. Person	du	hattest	gelernt	warst	begegnet
	Sie	hatten	gelernt	waren	begegnet
3. Person	er sie es	hatte	gelernt	war	begegnet
Plural					
1. Person	wir	hatten	gelernt	waren	begegnet
2. Person	ihr	hattet	gelernt	wart	begegnet
	Sie	hatten	gelernt	waren	begegnet
3. Person	sie	hatten	gelernt	waren	begegnet
		Präteritum von „haben" +	Partizip II	**Präteritum** von „sein" +	Partizip II

Ü2

4 Temporalsätze: Gleichzeitigkeit und Vorzeitigkeit

1. Gleichzeitigkeit

2. Vorzeitigkeit

5 Subordination: Verbstellung im Hauptsatz

1. Hauptsatz vor Nebensatz

2. Nebensatz vor Hauptsatz

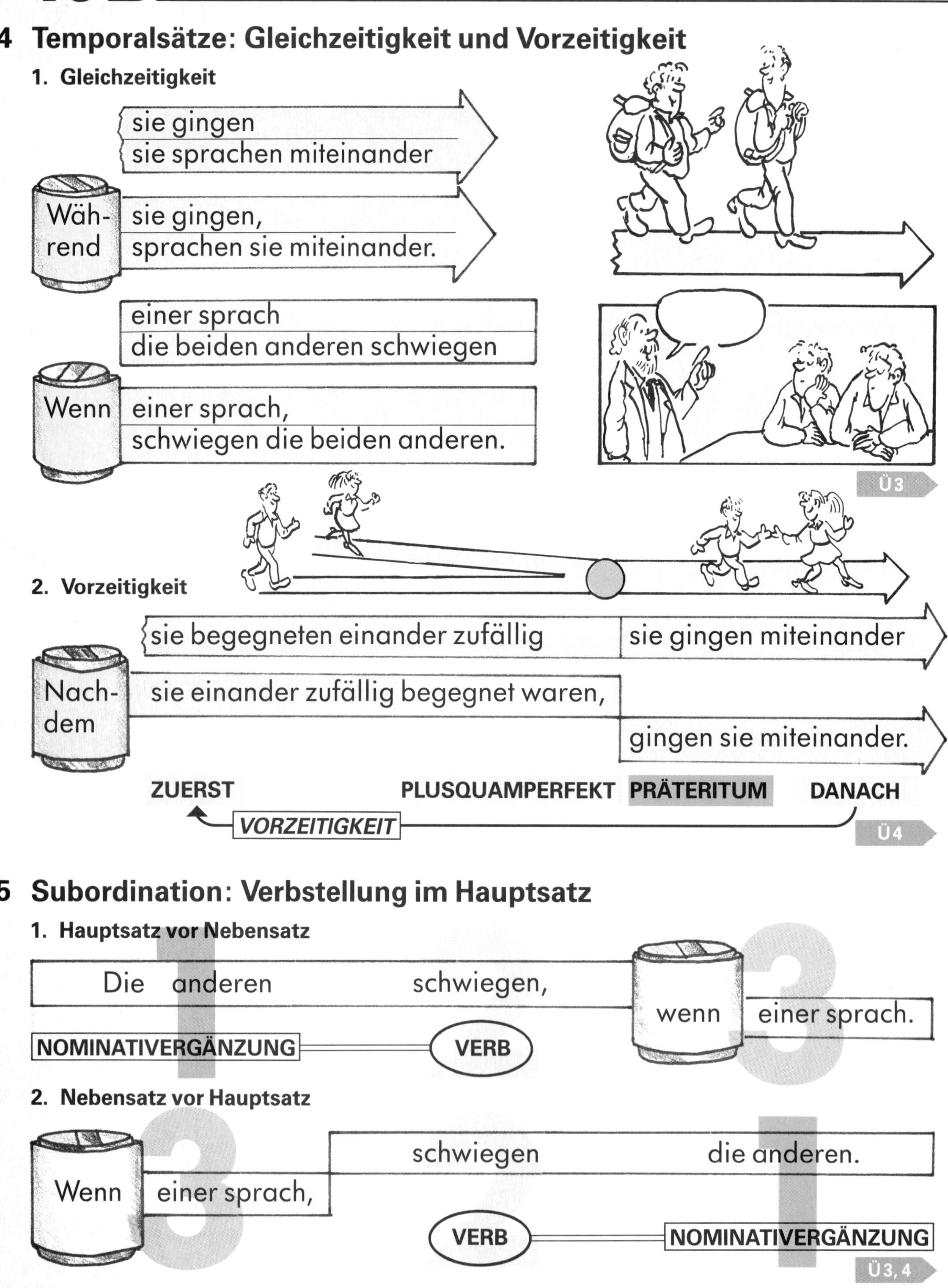
sie gingen
sie sprachen miteinander
Während
sie gingen,
sprachen sie miteinander.
einer sprach
die beiden anderen schwiegen
Wenn
einer sprach,
schwiegen die beiden anderen.
Ü3
sie begegneten einander zufällig
sie gingen miteinander
Nachdem
sie einander zufällig begegnet waren,
gingen sie miteinander.
ZUERST
PLUSQUAMPERFEKT
PRÄTERITUM
DANACH
VORZEITIGKEIT
Ü4
Die anderen
schwiegen,
wenn
einer sprach.
NOMINATIVERGÄNZUNG
VERB
1
3
Wenn
einer sprach,
schwiegen
die anderen.
VERB
NOMINATIVERGÄNZUNG
3
1
Ü3, 4

Nebensätze, Nebensätze, Nebensätze... 6

TEMPORALSATZ

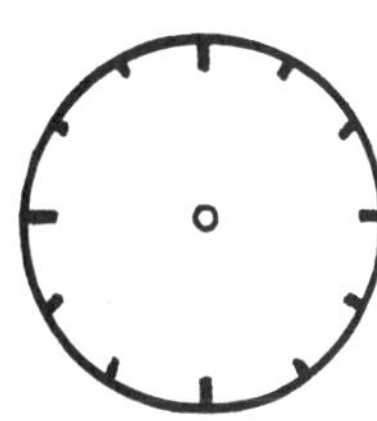

Während sie gingen, sprachen sie miteinander.
Wenn einer sprach, schwiegen die beiden anderen.
Wenn der eine zu Ende gesprochen hatte, sprach der zweite.
Sie gingen, gingen, gingen, **nachdem** sie einander zufällig begegnet waren.
Als das Mädchen eine Weile gegangen war, kam wieder ein Kind.
Als wir sechs waren, hatten wir Masern.

KONSEKUTIVSATZ

Die Besen waren **so** gut, **daß** sie nie kaputtgingen.
Das Mädchen war **so** arm, **daß** es kein Kämmerchen mehr hatte.

KAUSALSATZ

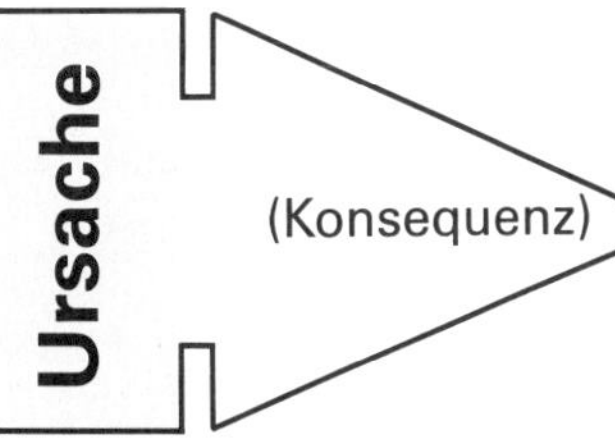

Da sie einander ähnlich waren, hielt man sie für Brüder.
Weil das Mädchen so verlassen war, ging es im Vertrauen auf Gott hinaus aufs Feld.

RELATIVSATZ

Ein Besenbinder ist ein Mann,

der Besen macht.

Antek Pistole machte Besen, **die** nie kaputtgingen.
Das Mädchen hatte ein Stück Brot, **das** ihm jemand geschenkt hatte.
Sie sahen (das), **was** sich gezeigt hatte.
Sie sprachen über anderes, **was** sich früher gezeigt hatte.
„Schenk mir etwas, **womit** ich meinen Kopf bedecken kann!"

Ü5–7

10B

Ü1 Erzählen Sie die Geschichten im Präteritum,

Das Picknick

~~Heute~~ *gestern* ist Sonntag. Familie Lang und Familie Wolter machen Picknick. Der Tag ist sehr schön und warm, die Sonne scheint.
Frau Wolter macht das Essen: Sie hat Wurst und Käse, Butter, Milch, Eier, Brot und Bier.
Herr Lang arbeitet, er schreibt einen Brief.
Michael Wolter schläft, er ist dick und faul. Stephan Lang spielt Fußball. Seine Schwester Susanne hört Radio.
Aber Gabi Wolter ist nicht da. Sie ist zu Hause. Sie ist krank; ihr Kopf tut weh.
Frau Wolter ruft: „Kommt bitte! Wir fangen an, das Essen ist fertig!"

Die Autopanne

Herr Gröner hat eine Autopanne – er braucht Hilfe. Er ist sehr in Eile: Um 19 Uhr hat er eine Konferenz in Düsseldorf. Jetzt ist es kurz nach 17 Uhr!
Herr Gröner findet eine Autowerkstatt, aber die ist schon zu. Der Meister sagt, er hilft am nächsten Morgen.
Der Meister schreibt Adresse und Telefonnummer von Herrn Gröner auf. Dann ruft er ein Taxi. Herr Gröner fährt mit dem Taxi nach Düsseldorf.

Freitag, der 13.

Um acht Uhr steht Peter auf; er ist ziemlich müde. Dann geht er ins Bad.
Von acht bis halb neun ist Peter im Bad, dann zieht er sich an.
Um Viertel vor neun macht er Frühstück; dabei schneidet er sich in den Finger.
Von neun bis zehn trinkt er Kaffee (der Kaffee ist dünn), ißt Brötchen (die Brötchen sind hart) und liest die Zeitung (nur schlechte Nachrichten).
Um zehn fährt er in die Stadt; er nimmt den Bus und steigt einmal um. Er kauft für Monika Blumen; dann wartet er auf sie.
Er wartet von elf bis halb eins. Dann kommt Monika schließlich. Sie hat nur wenig Zeit.
Um zwanzig vor eins fährt er nach Hause; dabei verliert er seine Brieftasche.
Um zwei kommt er nach Hause. Er ist sehr traurig. Er schreibt einen Brief an Monika. Um vier ruft er Susi an. ...

Ü2 Das Ende einer Geschichte:

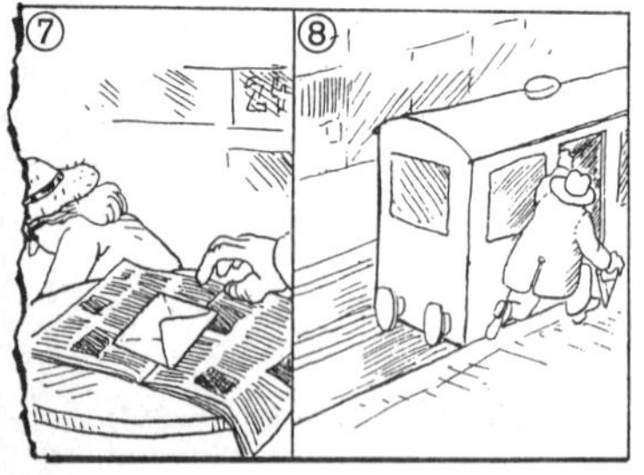

..... 7. Die Frau suchte etwas in ihrer Tasche – da kam plötzlich ein anderer Mann und nahm den Brief weg. 8. Dann lief der Mann schnell weg und sprang in den letzten Wagen des Zuges.

Aber was war vorher passiert? Ergänzen Sie die Verben im Plusquamperfekt.

1. Ein Mann *war* aus einem Taxi *ausgestiegen*. 2. Er ..... an einem Kiosk im Bahnhof die „Süddeutsche Zeitung" ...... 3. Dann ..... er in eine Stehbierhalle ....., ... sich ein Bier ..... und die Zeitung ...... 4. Plötzlich ..... eine Frau mit Sonnenbrille ..... und ..... sich zu dem Mann an den Tisch ...... 5. Kurze Zeit später ..... der Mann ...... 6. Die Frau ..... die Zeitung, die der Mann ...., ... ; in der Zeitung ..... ein Brief ....

~~aussteigen~~ – kaufen – gehen – bestellen – lesen – kommen – stellen – weggehen – liegenlassen – aufschlagen – liegen

Ü3 GLEICHE ZEIT: Drücken Sie die Gleichzeitigkeit aus.

Beispiel: Die Römer marschieren an den Rhein; sie singen laut.
a) Die Römer marschierten an den Rhein; dabei sangen sie laut.
b) Die Römer sangen laut, während (als) sie an den Rhein marschierten.
c) Während (Als) die Römer an den Rhein marschierten, sangen sie laut.

Lösen Sie die Aufgaben nach den Beispielen a), b) oder c).

Aufgaben: 1. Die Römer fahren über den Rhein; sie tragen schwere Waffen. 2. Die Römer kommen an den Rhein; die Germanen warten auf der anderen Seite. 3. Die Germanen greifen die Römer an; die Römer laufen zum Rhein zurück. 4. Die Römer schwimmen durch den Fluß zurück nach Gallien; die Germanen stehen am Ufer und lachen. 5. Das kleine Mädchen schenkt dem Mann das ganze Brot; es sagt: „Gott segne dir's!" 6. Das arme Mädchen steht da und hat gar nichts mehr; auf einmal fallen die Sterne vom Himmel.

Ü4 ZUERST – DANACH: Drücken Sie die Vorzeitigkeit aus.

Beispiel: ZUERST: Die Römer bauen Schiffe; DANACH: Sie fahren über den Rhein.
a) Zuerst bauten die Römer Schiffe; danach (dann) fuhren sie über den Rhein.
b) Die Römer fuhren über den Rhein, nachdem sie Schiffe gebaut hatten.
c) Nachdem (Als) die Römer Schiffe gebaut hatten, fuhren sie über den Rhein.

Aufgaben: 1. ZUERST: Die Römer landen; DANACH: Sie greifen sofort an. 2. ZUERST: Die Römer erobern ganz Gallien; DANACH: Sie kommen schließlich an den Rhein. 3. ZUERST: Die Römer landen; DANACH: Sie können keinen von den Germanen sehen. 4. ZUERST: Die Germanen greifen die Römer an; DANACH: Die Römer laufen zum Rhein zurück. 5. ZUERST: Die Römer laufen zum Rhein zurück; DANACH: Sie springen auf ihre Schilde und schwimmen durch den Fluß. 6. ZUERST: Die Germanen besiegen die Römer; DANACH: Sie feiern ein großes Fest, trinken Bier und singen laut.

Ü5 „als" – „während" – „nachdem": Gebrauchen Sie die passende Konjunktion. (→ Lehrbuch 1A, S. 84)

Beispiel: Es schlug 12 Uhr Mitternacht. – Der Einbrecher kam.
Als es 12 Uhr Mitternacht schlug, kam der Einbrecher.

Aufgaben: 1. Frau Gieseke war aufgewacht. – Sie hörte wieder ein Geräusch. 2. Der Einbrecher hatte das Fenster geöffnet. – Er stieg ins Zimmer. 3. Der Einbrecher packte die Sachen in eine Tasche. – Frau Gieseke sah ihm zu. 4. Frau Gieseke rief: „Was machen Sie denn da?!" – Der Einbrecher erschrak. 5. Der Einbrecher sah Frau Gieseke. – Er begann zu schwitzen. 6. Frau Gieseke hatte ihm einen Kognak gebracht. – Er hatte keine Angst mehr. 7. Er trank eine Tasse Kaffee. – Frau Gieseke telefonierte mit der Polizei.

Ü6 „der/die/das" – „was": Ergänzen Sie die Sätze. (→ Lehrbuch 1A, S. 92)

1. Das ist ein Haus, ... sehr alt ...... 2. Vorne ist ein Zoo, ... sehr klein ..... . 3. Man sieht eine Giraffe, einen Panther und drei Vögel, ... im Zimmer ..... . 4. Hinten ist eine Toilette, ... kaputt ...... 5. Im ersten Stock in der Mitte wohnt ein Bayer, ... eine Zeitung ..... . 6. Im zweiten Stock wohnt eine Familie, ... viel Krach ..... . 7. Jeder in der Familie macht das, ... er ..... . 8. Herr Müller und Herr Meier, ... im ersten Stock ..... , stoßen mit einem Besen an die Decke.

sein – herumfliegen – lesen – machen – wollen – wohnen

Ü7 „so ..... , daß": Bilden Sie Sätze.

Beispiel: Rocko ist **so** hungrig, **daß** er zehn Brötchen auf einmal ißt.

schön gut berühmt krank hungrig durstig müde	1 Steak, 4 Würstchen, 6 Eier und ein Stück Käse essen 5 Liter Bier trinken im Bett liegen müssen hohes Fieber haben 2 Flaschen Olivenöl trinken nichts essen können oft im Fernsehen sein nur noch schlafen wollen nie kaputtgehen viele Autogramme geben müssen Miss Universum sein

MALEREI IM 20. JAHRHUNDERT

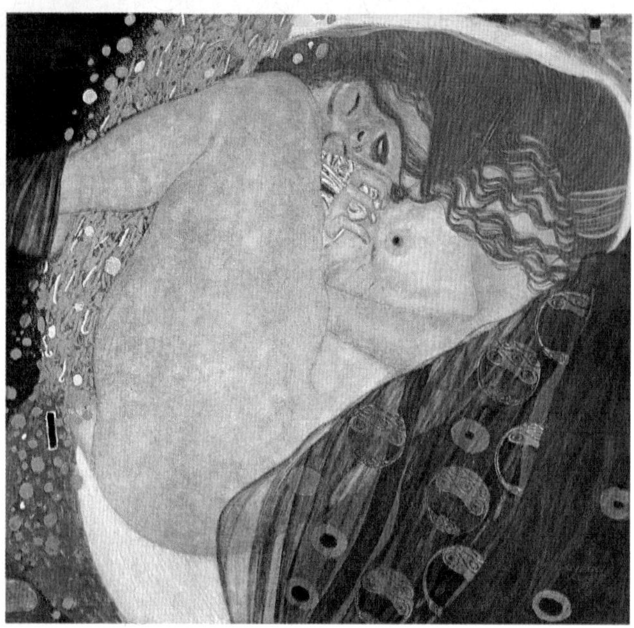

Danae

Gustav Klimt
Geboren 1862 in Baumgarten bei Wien. 1898 Gründungsmitglied der „Wiener Sezession"; wichtiger Vertreter dieser Jugendstilrichtung. Gestorben 1918 in Wien.

Joseph Beuys
Geboren 1921 in Kleve. Anfang der 60er Jahre „Conceptual Art", später künstlerische Aktionen als „Fluxus"-Kunst. Environments, Objekte, Aktionen.
Gestorben 1986.

Lagerplatz

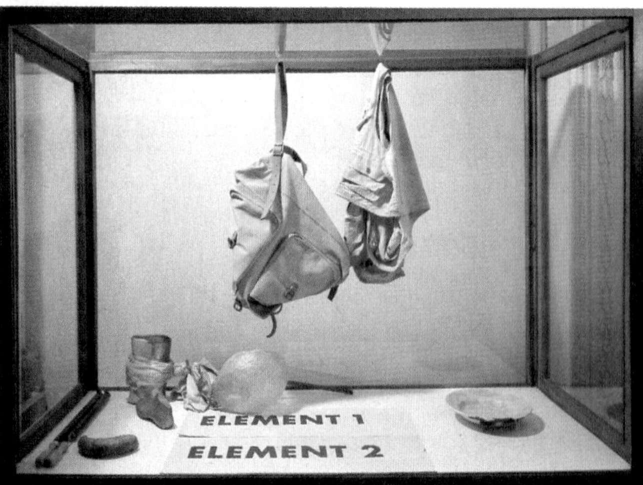

Häuser, Birken und Mond

Paula Modersohn-Becker
Geboren 1876 in Dresden, lebte und arbeitete in der Künstlerkolonie Worpswede. Reisen nach Paris; Einfluß von Cézanne und Gauguin. Gestorben 1907 in Worpswede.

Max Ernst
Geboren 1891 in Brühl bei Köln. 1919 Mitbegründer der „Dadaisten". 1925 Teilnahme an der ersten Ausstellung der Surrealisten in Paris.
Gestorben 1976.

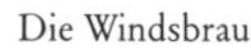

Die Windsbraut

MALEREI IM 20. JAHRHUNDERT

Wind und Wolken

Vor dem Maskenball

Gabriele Münter
Geboren 1877 in Berlin, ab 1901 Kunststudium in München. Lebt und arbeitet mit W. Kandinsky zusammen. Schließt sich dem „Blauen Reiter“ an. Gestorben 1962 in Murnau.

Max Beckmann
1884 in Leipzig geboren. Gründet mit anderen 1905 in Dresden die „Brücke“. Realistischer Expressionismus. Emigrierte 1937 über Paris und Amsterdam nach New York. Gestorben 1950 in New York.

Egon Schiele
Geboren 1890 in Tulln an der Donau (Österreich). 1906 Eintritt in die Wiener Akademie, trifft 1907 Gustav Klimt.
Stirbt 1918 an der Spanischen Grippe in Wien.

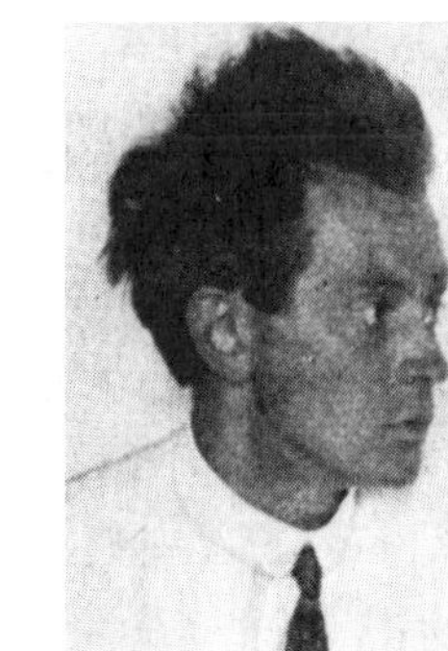

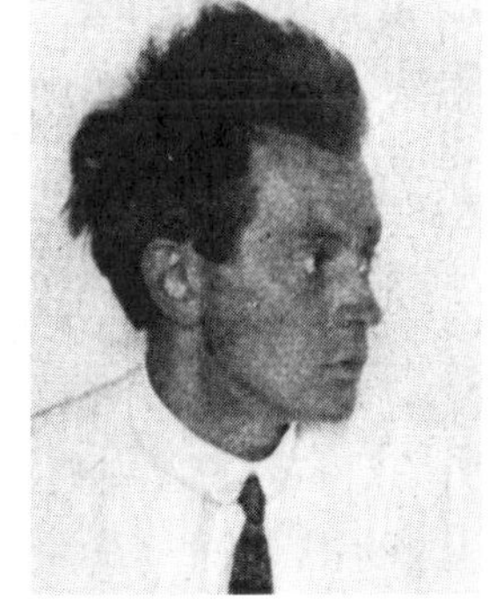

Paul Klee
1879 in Münchenbuchsee bei Bern geboren. 1906 nach München: Künstlergruppe „Blauer Reiter“. 1922 Berufung an das „Bauhaus“; Reisen nach Tunis und Ägypten.
1933 Rückkehr nach Bern. Gestorben 1940.

Mutter mit zwei Kindern

Wintertag kurz vor Mittag

11A

1 ①

KATALOG

○ Wie finden Sie das?
● Scheußlich!
○ Was? Ich finde es toll!
● Wirklich??

②

74,- DM

○ Wie gefällt dir dieses Kleid?
● Welches?
○ Das da! Das grüne.
● Das grüne? Nicht so gut, etwas langweilig.
○ Hm, das finde ich nicht.
● Das da hinten gefällt mir besser.
○ So?

③

Das ist nicht mein Gepäck!!!
Was für Gepäck haben Sie?
Eine Tasche und ein Paket.
Und was für eine Tasche ist das?
Eine große schwarze.

B1,2

Wie finden Sie das .....? / findest du den .....? / die .....?

Wie gefällt Ihnen dieses .....? / dir dieser .....? / diese .....?

- Phantastisch!
- Toll!
- Prima!
- Sehr gut!
- Gut.
- Es geht.
- Etwas langweilig.
- Nicht so gut.
- Schlecht.
- Scheußlich!

- Das finde ich nicht!
- So?
- Wirklich?

- Stimmt!
- Da haben Sie recht!
- Das finde ich auch!
- Wirklich!
- Ganz richtig!

Was für Gepäck haben Sie? – Eine Tasche und ein Paket.
Was für eine Tasche ist das? – Eine große schwarze.

Ü1 Wie finden Sie das?

Ü2 Was für ein/eine/einen ..... ?

2

Die Farben:

weiß	gelb	rot	schwarz	grün	blau
beige	orange	braun	grau	hellblau	dunkelblau

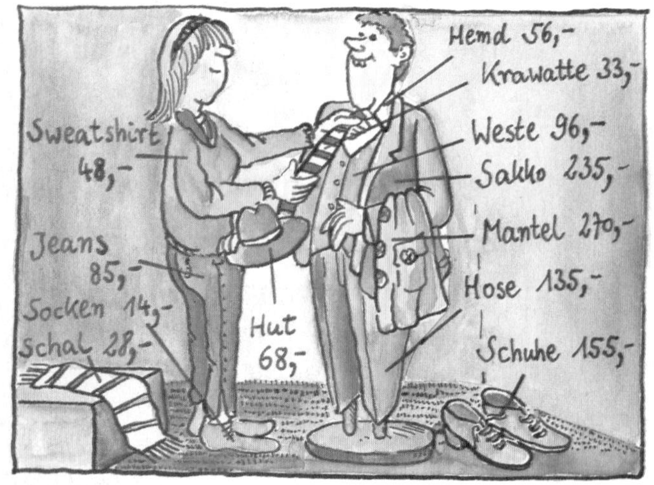

Ü3

A
- ○ Wie gefällt dir mein neuer Hut?
- ● .....
  Und wie gefällt dir mein neues Hemd?
- ○ .....

B
- ○ Wie gefällt Ihnen mein ..... ?
- ● .....
  Und wie gefällt Ihnen ..... ?
- ○ .....

B3

3

● Der ist Größe 50.

○○ Der ist hübsch!

○ Haben Sie den in Blau?

● Nein, leider nicht.

○ Was kostet der?

● 98 Mark. Er ist ganz weich!

Der da gefällt mir besser.
Wie findest du den?
Gefällt er dir?
Haben Sie noch ein anderes Modell?
Gut, den nehme ich.
Nein, der gefällt mir doch nicht so gut, vielen Dank!
Der ist mir zu teuer, vielen Dank!

Ü4 Ich suche einen Pullover B4

○ Guten Tag! Sie wünschen, bitte?
○ Der ist Größe 50. Welche Farbe?
○ Nein, leider nicht. Nur in Rot.
○ 98 Mark.

● Ich suche einen Pullover, Größe 50.
● Haben Sie den in Blau?
● Was kostet der?
● Gut, den nehme ich.

Gr. 48 F.: blau DM 320,– 	Gr. 48 F.: grün DM 120,– 	Gr. 50 F.: grau DM 45,– 	Gr. 52 F.: braun DM 155,– 

F.: rot DM 22,– 	Gr. 46 F.: schwarz DM 89,– 	Gr. 40 F.: weiß DM 55,– 	Gr. 38 F.: gelb DM 98,– 	Gr. 36 F.: beige DM 125,– 

4

Eva lacht über Josip: „Wie siehst du denn aus!"
Sein Pullover gefällt ihr nicht; er ist zu klein – zu kurz und zu eng, das sieht lächerlich aus.
Josip findet ihren Hut unmöglich, der paßt überhaupt nicht zu ihr – ganz und gar nicht!
Aber Eva gefällt ihm sehr. Er findet sie schön, und das sagt er ihr auch.

Ü5
- **Was gefällt Eva nicht?**
- **Was gefällt Josip?**
- **Was gefällt ihm nicht?**
- **Gefällt *Ihnen* Eva/Josip?**
- **Können *Sie* die Szene spielen?**

Weste oder Pullunder?

5

● Wie findest du den?
○ Nicht schlecht – aber du wolltest doch eine Weste kaufen, eine blaue Weste – oder?
● Die haben mir alle nicht gefallen.
○ Was? Es gibt so schicke Westen! Die sind jetzt ganz modern, und zu deinem neuen Jackett .....
● Ja, ich weiß. Ich habe auch viele anprobiert, blaue, graue, karierte, gestreifte. Aber die stehen mir einfach nicht!
○ Das verstehe ich nicht. Oder hatten die .....
● Doch, doch, aber wie findest du den Pullunder?
○ Zeig mal! Wirklich nicht schlecht, der ist sogar hübsch! – Laß mich den mal anziehen! ..... Na? Mensch, der ist ja super – für mich! Weißt du was? Ich kauf dir eine Weste!
● Aber Westen stehen mir nicht!
○ Du hast keine Ahnung. Du wirst sehen! – Hast du noch Geld?

B3,4

Ü6 Vergleichen Sie dieses Gespräch mit dem Hörtext auf der Cassette.

6

Die Geschichte vom grünen Fahrrad

Ursula Wölfel

Einmal wollte ein Mädchen sein Fahrrad anstreichen. Es hat grüne Farbe dazu genommen. Grün hat dem Mädchen gut gefallen. Aber der große Bruder hat gesagt: „So ein grasgrünes Fahrrad habe ich noch nie gesehen. Du mußt es rot anstreichen, dann wird es schön.“

Rot hat dem Mädchen auch gut gefallen. Also hat es rote Farbe geholt und das Fahrrad rot gestrichen.

- Einen Augenblick, bitte!
Diese Geschichte kennen Sie schon – oder?

- Wie geht die Geschichte weiter?
Notieren Sie kurz.

Aber ein anderes Mädchen hat gesagt: „Rote Fahrräder haben doch alle! Warum streichst du es nicht blau an?“

Das Mädchen hat sich das überlegt, und dann hat es sein Fahrrad blau gestrichen. Aber der Nachbarsjunge hat gesagt: „Blau? Das ist doch zu dunkel. Gelb ist viel lustiger!“

Und das Mädchen hat auch gleich Gelb viel lustiger gefunden und gelbe Farbe geholt. Aber eine Frau aus dem Haus hat gesagt: „Das ist ein scheußliches Gelb! Nimm himmelblaue Farbe, das finde ich schön.“

Und das Mädchen hat sein Fahrrad himmelblau gestrichen. Aber da ist der große Bruder wieder gekommen. Er hat gerufen: „Du wolltest es doch rot anstreichen! Himmelblau, das ist eine blöde Farbe. Rot mußt du nehmen, Rot!“

Da hat das Mädchen gelacht und wieder den grünen Farbtopf geholt und das Fahrrad grün angestrichen, grasgrün. Und es war ihm egal, was die anderen gesagt haben.

Ü7
- **Wie oft nimmt das Mädchen eine andere Farbe?**
- **Warum nimmt es immer wieder eine andere Farbe? Unterstreichen Sie die Argumente.**
- **Wie viele Teile hat diese Geschichte?**

Ü8
- **Schreiben sie selbst eine ähnliche Geschichte, z. B.: Hans hat einen Hund in seiner Wohnung → Katze → Kanarienvogel → Meerschweinchen → Maus .....**

7

○ Hier, hör mal: „Eine gutaussehende Dame, 34 Jahre alt, 1 Meter 66 groß, blonder, langhaariger Typ, wünscht intelligenten, liebevollen Partner."
Ist das nichts für dich?

● Noch mal, was für ein Typ?

○ Ein blonder, langhaariger.

● Und was für einen Mann sucht die?

○ Einen intelligenten, liebevollen.

● Nein, nein, die paßt zu dir!
Sind da noch andere?

○ Ja, hier: „Nettes Mädchen, gutaussehend, sucht lieben Mann."

● Ach, ich bin doch schon zu alt.

○ Du? Du bist doch erst 48!

● Ich finde Heiratsanzeigen blöd! Und du?

B3,4

Eine	blonde langhaarige 34jährige	Dame	wünscht	einen	intelligenten liebevollen	Partner.	
Ein	nettes	Mädchen	sucht	einen	lieben netten	Mann.	
Ein	blonder schlanker	Typ	möchte	einen	freundlichen	Herrn	kennenlernen.

11A

①

Natürlicher, ruhiger Öko-Landwirt,
Agrar-Ing., 30/1,74, schlank. Suche liebe Partnerin bis 30 J. für gemeinsames Leben auf dem Land. Raum Bodensee.
ZO 6822 DIE WOCHE, Postfach 367, 1000 Berlin 48

②

Raum F/WI
Ich bin Mitte dreißig, studiert, beruflich selbständig und engagiert, 1,62 groß, 56 kg, ledig, optimistisch, naturliebend, mit Sinn für Ästhethik und Kultur.
Ich suche einen liebenswerten Partner, gerne gleichaltrig, für alles, was gemeinsam mehr Spaß macht.
Ich wünsche mir Nähe, Zärtlichkeit, Vertrauen, auch gegenseitigen Gedankenaustausch. Zuschriften mit Telefonangabe an Partner-Zentrale, Postfach 17, 8650 Kulmbach

③

Unternehmer, 51/1,85, verw., ein dynam sportl. Mann, begeisterungsfähig, kinder- tierlieb, m. vielfält. geist. u. musisch. Inte ess., mö. eine unkompl., charm., bewegl Partnerin kennenl., b. 50 J. Bitte schreiben Sie unter D 3096 oder rufen Sie an **Tel. (0511) 581919, INST. AMALIE SCHNELL, Alte Str. 28, 4800 Bielefeld 1**

Ü9 Wer sucht wen? Bitte ergänzen Sie.

	Wer? ①	Wen?	Wer? ②	W
Alter	30	bis 30		
Größe	1,74			
Figur	schlank			
Beruf	Öko-Landwirt(Ing.)			
Qualitäten	natürlich, ruhig	lieb		
Ziele	gemeinsames Leben auf dem Land			

① Öko- = Ökologie (Umweltwissenschaft
Ing. = Ingenieur
J. = Jahre

② F/WI = Frankfurt/Wiesbaden
kg = Kilogramm

③ 51/1,85 = 51 Jahre/ 1,85 cm groß
verw. = verwitwet
dynam. = dynamisch
sportl. = sportlich
m. = mit
vielf. = vielfältig
geist. = geistig
u. = und
Interess. = Interessen
mö. = möchte
unkompl. = unkompliziert
charm. = charmant
bewegl. = beweglich
kennenl. = kennenlernen
b. = bin
J. = Jahre

Ü10 Machen Sie Heiratsanzeigen.

Nettes Mädchen, 23, sucht liebevollen Partner, 25–40 Jahre alt, Zuschriften unter ..... an MZ.

Dame 28/33/42/55	sucht	gutaussehend
Mädchen	möchte kennenlernen	langhaarig
Herr	wünscht (sich)	blond
Mann 36/42/50/57		schwarzhaarig
Partner		nett
Typ		lieb
		liebevoll
		intelligent
		schlank

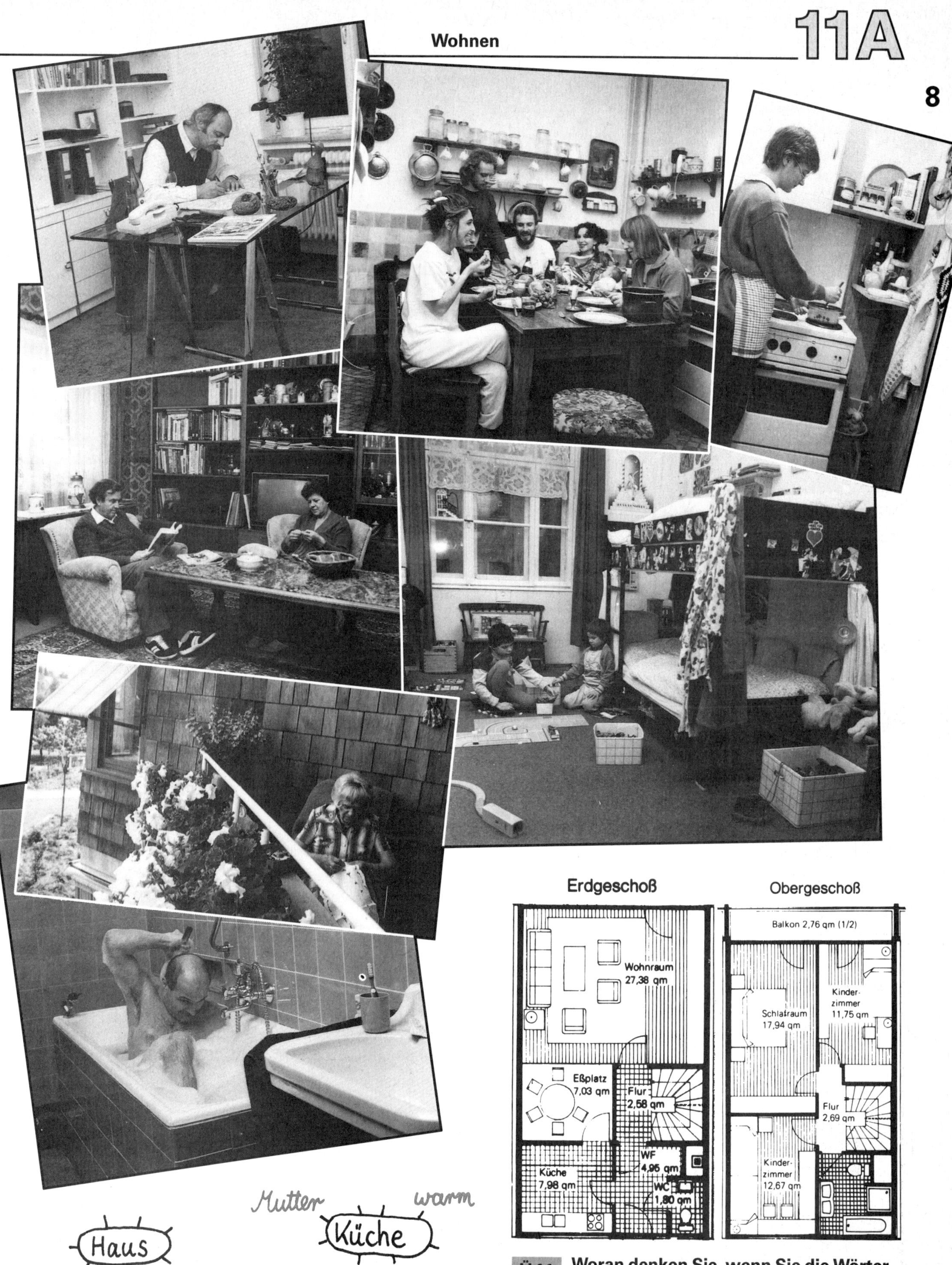

Mutter warm

Haus Küche

Besuch Wohnzimmer Möbel

Ü 11 **Woran denken Sie, wenn Sie die Wörter „Haus", „Küche", „Wohnzimmer" hören?**

9

Besuch bei Hempels

Hempels haben Frau und Herrn Miller eingeladen. Sie zeigen ihnen ihre neue Wohnung:

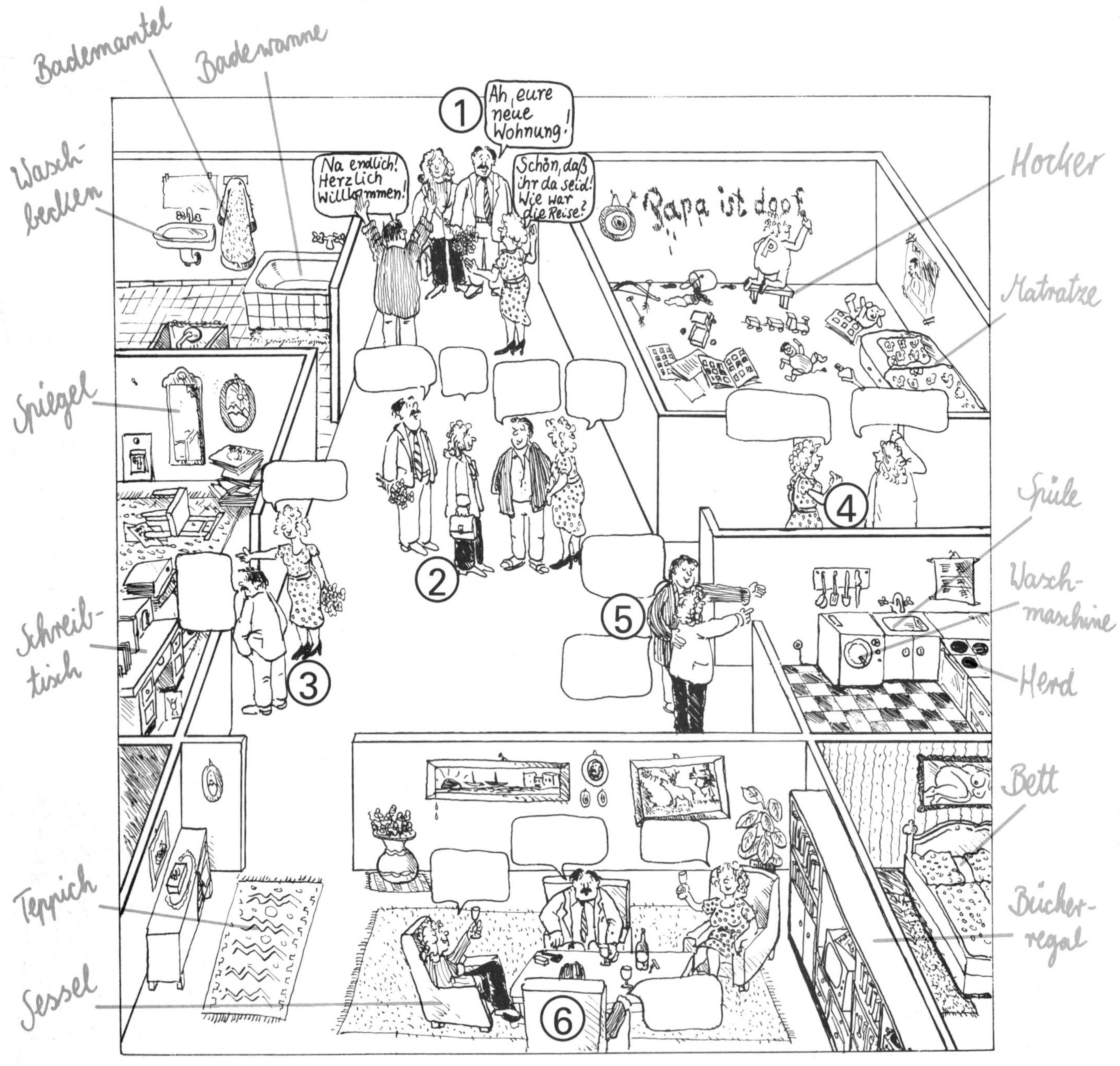

a) ● Das ist mein Zimmer.
○○ Ah, dein Zimmer! Ich habe kein Arbeitszimmer.

b) ●● Das ist unsere Küche, mein Arbeitsplatz.
○ Die ist ja phantastisch, so groß und praktisch!

c) ○ Schön groß und hell!
○○ Hier ist viel Platz.
● Wir finden sie auch schön.
●● Aber sie ist sehr teuer.

d) ● Das ist Peters Zimmer.
○ Wie niedlich, der Kleine! Hübsch, das Zimmer.

e) ● Gefällt sie euch?
○ Wunderbar! Wir gratulieren!
○○ So schön ist unsere Wohnung nicht!
●● Na ja, sie ist nicht schlecht.

Ü 12 Was gehört zusammen? Ordnen Sie zu: Situationen ②–⑥ und Gespräche a)–e).

Ü 13 Herr und Frau Miller sind wieder zu Hause. Hören Sie ihr Gespräch.

Wohnungsanzeigen

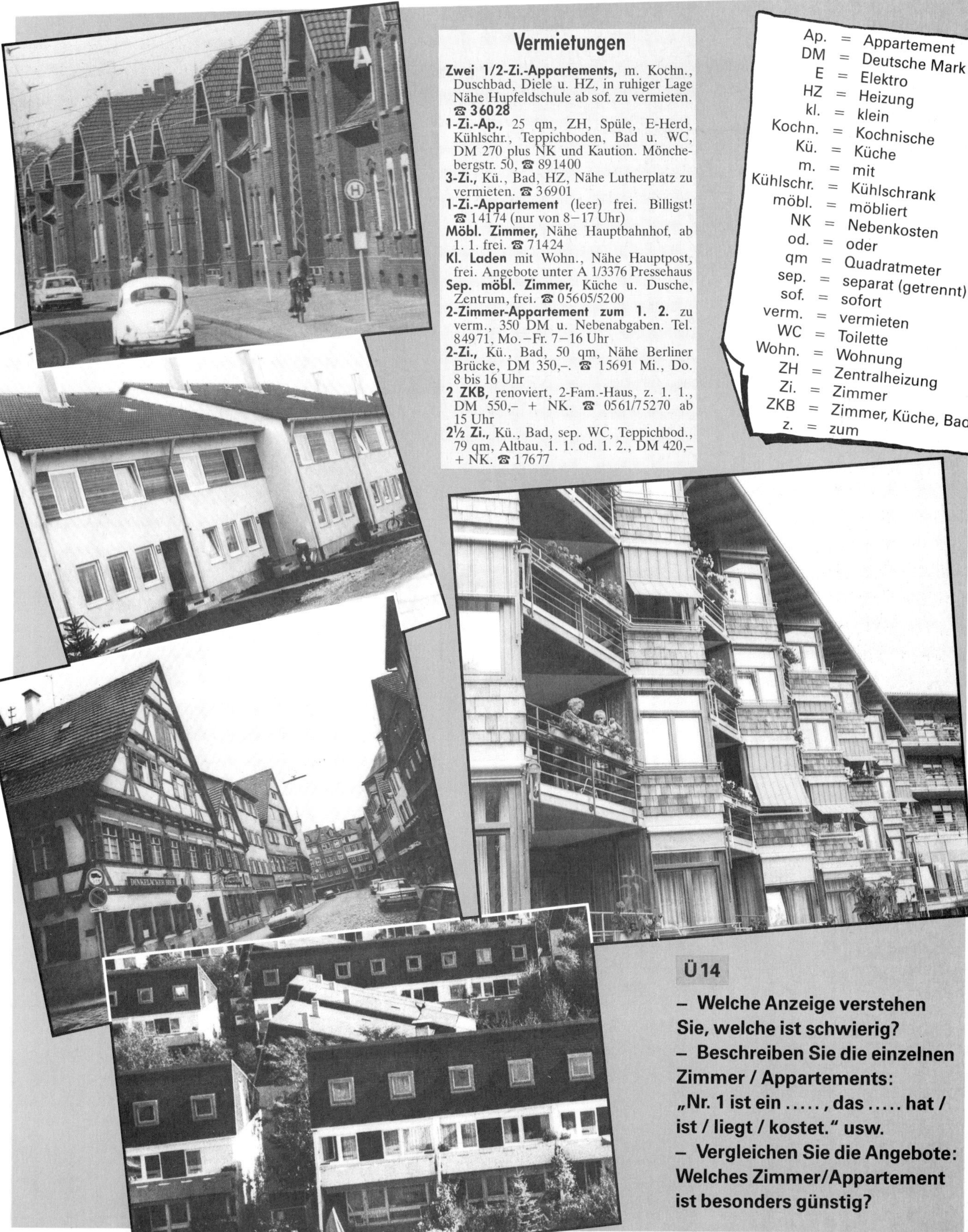

Vermietungen

Zwei 1/2-Zi.-Appartements, m. Kochn., Duschbad, Diele u. HZ, in ruhiger Lage Nähe Hupfeldschule ab sof. zu vermieten. ☎ **36028**

1-Zi.-Ap., 25 qm, ZH, Spüle, E-Herd, Kühlschr., Teppichboden, Bad u. WC, DM 270 plus NK und Kaution. Mönchebergstr. 50, ☎ 891400

3-Zi., Kü., Bad, HZ, Nähe Lutherplatz zu vermieten. ☎ 36901

1-Zi.-Appartement (leer) frei. Billigst! ☎ 14174 (nur von 8–17 Uhr)

Möbl. Zimmer, Nähe Hauptbahnhof, ab 1. 1. frei. ☎ 71424

Kl. Laden mit Wohn., Nähe Hauptpost, frei. Angebote unter A 1/3376 Pressehaus

Sep. möbl. Zimmer, Küche u. Dusche, Zentrum, frei. ☎ 05605/5200

2-Zimmer-Appartement zum 1. 2. zu verm., 350 DM u. Nebenabgaben. Tel. 84971, Mo.–Fr. 7–16 Uhr

2-Zi., Kü., Bad, 50 qm, Nähe Berliner Brücke, DM 350,–. ☎ 15691 Mi., Do. 8 bis 16 Uhr

2 ZKB, renoviert, 2-Fam.-Haus, z. 1. 1., DM 550,– + NK. ☎ 0561/75270 ab 15 Uhr

2½ Zi., Kü., Bad, sep. WC, Teppichbod., 79 qm, Altbau, 1. 1. od. 1. 2., DM 420,– + NK. ☎ 17677

Ap. = Appartement
DM = Deutsche Mark
E = Elektro
HZ = Heizung
kl. = klein
Kochn. = Kochnische
Kü. = Küche
m. = mit
Kühlschr. = Kühlschrank
möbl. = möbliert
NK = Nebenkosten
od. = oder
qm = Quadratmeter
sep. = separat (getrennt)
sof. = sofort
verm. = vermieten
WC = Toilette
Wohn. = Wohnung
ZH = Zentralheizung
Zi. = Zimmer
ZKB = Zimmer, Küche, Bad
z. = zum

Ü 14

– Welche Anzeige verstehen Sie, welche ist schwierig?
– Beschreiben Sie die einzelnen Zimmer / Appartements: „Nr. 1 ist ein ….., das ….. hat / ist / liegt / kostet." usw.
– Vergleichen Sie die Angebote: Welches Zimmer/Appartement ist besonders günstig?

11

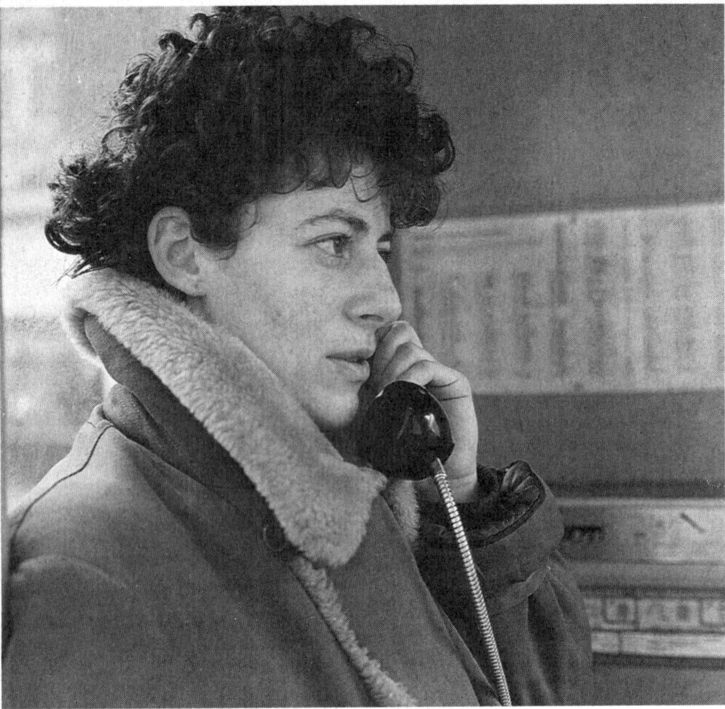

- ● Guten Tag, ich habe Ihre Annonce gelesen.
- ○ Ah ja!
- ● Ist das Zimmer noch frei?
- ○ Ja.
- ● Ich habe dazu ein paar Fragen.
- ○ Ja, bitte!

Wie hoch ist die Kaution?

Wie hoch sind die Nebenkosten?

Was kostet alles zusammen?

Wie groß ist das Zimmer?

Jst Straßenbahn in der Nähe?

Wie teuer ist das Zimmer?

Wie weit ist es bis zur Stadtmitte?

Vermietungen

2-Zi-Whg., 53 m², Zentrum, 345,–, **2-Zi-Komf.-Whg.,** 72 m², Loggia, Gr. Förste, 498,–, **2½-Zi-Whg.,** 68 m², Oststt. 400,–, **3-Zi.-Whg.,** 80 m², Blk., Nordst., 540,–, Tel. (05121) 880897.

20 km südöstl. Hann., Üstra-Tarif 1, DG, 4 Zi., 85 m², großzüg., gemütl., renov., 630,–/NK/MS, Tel. (0511) 882386, ab 18 h

Nordstemmen, 3-Zim.-Whng., Kü., Bad, 60 m², Ofenhzg., 280,– DM u. NK, zum 1.3.87, Tel. (0511) 848427

X **Zimmer in 3er WG** (20/22/24 J.) ab sofort frei, ca. 280,– DM warm, Lage: Annenstr., Tel. (05121) 43040.

X **Möbl. 1-Zi.-Whg.,** Koni, Bad, 200,– + NK, Giesen, Tel. (05121) 20417.

Möbl. 2-Zi-Whg., Kü., WC, Dusche, 55 m², 350,– + NK/MS, Galgenbg., Tel. (05121) 20417.

X **Zentr., 1-Zi-Whg.,** Koni., Bad, 31 m², 260,– + NK/MS, Tel. (05121) 20417.

Zentr., 1-Zi.-Whg., Kü., Bad, 35 m², 300,– + NK/MS, Tel. (05121) 20417.

X

1 Zi., möbl., Knüppelbrink, 230,–
1 Zi., möbl., Neuhof, 270,–
2-Zi.-Whg., möbl., 65 m², Neuhof, 600,–
1-Zi.-Whg., 41 m², Heinde, 310,–
1-Zi.-Whg., Steinbergstr., 300,–
1½-Zi.-Whg., 50 m², Heinde, 327,–
2-Zi.-Whg., 60 m², Heinde, 360,–
2-Zi-Whg., 73 m², Schützenwiese, 470,–
3-Zi.-Whg., 78 m², Schützenwiese, 560,–
3-Zi.-Whg., 86 m², P.-Keller-Str., 575,–
4-Zi.-Whg., 100 m², Lühnde, 375,– u. andere

Alle Mieten zzgl. HK + NK + MS, 1,6 Mieten Maklerprovision.

H. Schmidt-Immobilien
Harzstr. 19, 3200 Hildesheim
Tel. 312842, Mo–Fr., 8–17 Uhr

? evtl. Karin

Galgenbg., 1-Zi.-App., Kü., Bad, Gartenben., 315,–/NK/MS, Tel. (05121) 20417.

2-Zi-Whg., Kü., Bad, 340,– + NK/MS, Zentr., Tel. (05121) 20417.

2-Zi.-Whg., Kü., Bad, Balk., 57 m², 420,– + NK/MS, Nordstemmen, Tel. (05121) 20417.

3-Zi-DG-Whg., Kü., Bad, 65 m², 400,– + NK/MS, Nordst., Tel. (05121) 20417.

3-Zi.-Whg., Kü., Bad, 83 m², 450,– + NK/MS, Nordst., Tel. (05121) 53182, Kraus Immobilien.

3-Zi-Whg., Kü., Bad, Gäste-WC, Balk., 87 m², Teppichbd., 630,– + NK/MS, H'thür, Tel. (05121) 53182, Kraus Immobilien.

3-Zi.-Komf.-Whg., Einbaukü., Bad, 2 Logg., 80 m², 692,– + NK/MS, Teppichbd., Dammtor, Tel. (05121) 53182, Kraus Immobilien.

Ü 15 Hören Sie das Telefonat von der Cassette und machen Sie Notizen zu den Antworten.

Ü 16 Spielen Sie das Telefongespräch:

① Das Zimmer ist für Sie sehr teuer. Sie müssen erst mit Ihren Eltern sprechen und rufen wieder an.

② Sie möchten das Zimmer gerne haben, aber Sie wollen es erst in 3 Monaten mieten.

③ Sie spielen Geige. Fragen Sie, ob Sie in diesem Zimmer üben dürfen.

④ Sie möchten das Zimmer erst einmal sehen. Sie wollen es auch Ihrem Freund zeigen. Fragen Sie, wann Sie kommen können.

WG	=	Wohngemeinschaft
Whg.	=	Wohnung
Koni	=	Kochnische
MS	=	Mietsicherheit (Kaution)
warm	=	mit Heizkosten
Zentr.	=	zentral gelegen
Gartenben.	=	Gartenbenutzung
zzgl.	=	zuzüglich (kommt dazu)

a) ● Wie gefällt dir **dieses Kleid?**
○ **Welches**?
● **Dás da**, das grüne.

b) ● **Was für einen Rock** möchtest du, **einen blauen** oder **einen grauen**?
○ **Einen blauen.**

Demonstrativpronomen + Substantiv: Deklination 1

	maskulinum	neutrum	femininum
Singular			
Nominativ	dies-er Rock	dies-es Kleid	dies-e Bluse
Akkusativ	dies-en Rock	dies-es Kleid	dies-e Bluse
Dativ	dies-em Rock	dies-em Kleid	dies-er Bluse
Genitiv	dies-es Rockes	dies-es Kleides	dies-er Bluse
Plural			
Nominativ	dies-e Röcke	dies-e Kleider	dies-e Blusen
Akkusativ	dies-e Röcke	dies-e Kleider	dies-e Blusen
Dativ	dies-en Röcken	dies-en Kleidern	dies-en Blusen
Genitiv	dies-er Röcke	dies-er Kleider	dies-er Blusen

dér (betont) = dieser dás (betont) = dieses díe (betont) = diese Ü3

Fragepronomen + Substantiv: Deklination 2

	maskulinum	neutrum	femininum
Singular			
Nominativ	welch-er Rock	welch-es Kleid	welch-e Bluse
Akkusativ	welch-en Rock	welch-es Kleid	welch-e Bluse
Dativ	welch-em Rock	welch-em Kleid	welch-er Bluse
Genitiv	welch-es Rockes	welch-es Kleides	welch-er Bluse
Plural			
Nominativ	welch-e Röcke	welch-e Kleider	welch-e Blusen
Akkusativ	welch-e Röcke	welch-e Kleider	welch-e Blusen
Dativ	welch-en Röcken	welch-en Kleidern	welch-en Blusen
Genitiv	welch-er Röcke	welch-er Kleider	welch-er Blusen

Ü1,2,4

3 Das Adjektiv: Deklination → 7B1

Variante A: Bestimmter Artikel + Adjektiv + Substantiv

	maskulinum	neutrum	femininum
Singular			
Nominativ	der blau-e Mantel	das rot-e Kleid	die grün-e Hose
Akkusativ	den blau-en Mantel	das rot-e Kleid	die grün-e Hose
Dativ	dem blau-en Mantel	dem rot-en Kleid	der grün-en Hose
Genitiv	des blau-en Mantels	des rot-en Kleides	der grün-en Hose
Plural			
Nominativ	die blau-en Mäntel	die rot-en Kleider	die grün-en Hosen
Akkusativ	die blau-en Mäntel	die rot-en Kleider	die grün-en Hosen
Dativ	den blau-en Mänteln	den rot-en Kleidern	den grün-en Hosen
Genitiv	der blau-en Mäntel	der rot-en Kleider	der grün-en Hosen

Genauso: Bestimmter Artikel + Adjektiv

Ü4

Variante B: Unbestimmter Artikel + Adjektiv + Substantiv

	maskulinum	neutrum	femininum
Singular			
Nominativ	ein blau-er Mantel	ein rot-es Kleid	eine grün-e Hose
Akkusativ	einen blau-en Mantel	ein rot-es Kleid	eine grün-e Hose
Dativ	einem blau-en Mantel	einem rot-en Kleid	einer grün-en Hose
Genitiv	eines blau-en Mantels	eines rot-en Kleides	einer grün-en Hose
Plural			
Nominativ	— blau-e Mäntel	— rot-e Kleider	— grün-e Hosen
Akkusativ	— blau-e Mäntel	— rot-e Kleider	— grün-e Hosen
Dativ	— blau-en Mänteln	— rot-en Kleidern	— grün-en Hosen
Genitiv	— blau-er Mäntel	— rot-er Kleider	— grün-er Hosen

Genauso: Unbestimmter Artikel + Adjektiv

Ü5

Variante C: Possessivpronomen + Adjektiv + Substantiv

	maskulinum	neutrum	femininum
Singular			
Nominativ	dein blau-er Mantel	dein rot-es Kleid	deine grün-e Hose
Akkusativ	deinen blau-en Mantel	dein rot-es Kleid	deine grün-e Hose
Dativ	deinem blau-en Mantel	deinem rot-en Kleid	deiner grün-en Hose
Genitiv	deines blau-en Mantels	deines rot-en Kleid(e)s	deiner grün-en Hose
Plural			
Nominativ	deine blau-en Mäntel	deine rot-en Kleider	deine grün-en Hosen
Akkusativ	deine blau-en Mäntel	deine rot-en Kleider	deine grün-en Hosen
Dativ	deinen blau-en Mänteln	deinen rot-en Kleidern	deinen grün-en Hosen
Genitiv	deiner blau-en Mäntel	deiner rot-en Kleider	deiner grün-en Hosen

Genauso: „kein-" + Adjektiv + Substantiv

Ü6,7

Variante D: Adjektiv + Substantiv

	maskulinum	neutrum	femininum
Singular			
Nominativ	— blau-er Mantel	— rot-es Kleid	— grün-e Hose
Akkusativ	— blau-en Mantel	— rot-es Kleid	— grün-e Hose
Dativ	— blau-em Mantel	— rot-em Kleid	— grün-er Hose
Genitiv	— blau-en Mantels	— rot-en Kleid(e)s	— grün-er Hose
Plural			
Nominativ	— blau-e Mäntel	— rot-e Kleider	— grün-e Hosen
Akkusativ	— blau-e Mäntel	— rot-e Kleider	— grün-e Hosen
Dativ	— blau-en Mänteln	— rot-en Kleidern	— grün-en Hosen
Genitiv	— blau-er Mäntel	— rot-er Kleider	— grün-er Hosen

Ü8

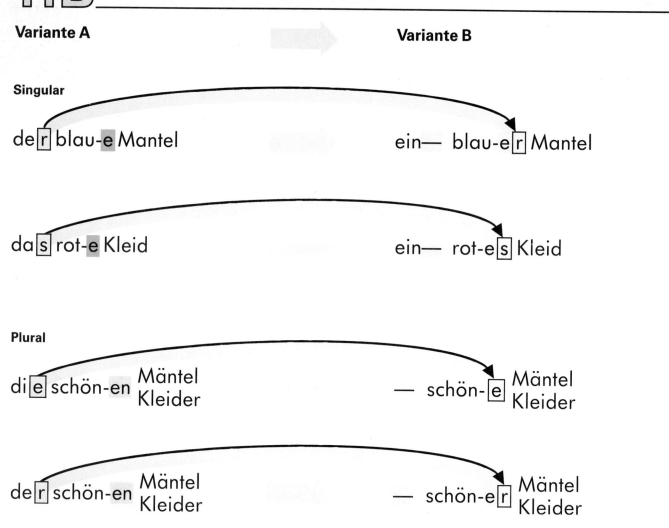

Variante A	Variante B
Singular	
der blau-e Mantel	ein— blau-er Mantel
das rot-e Kleid	ein— rot-es Kleid
Plural	
die schön-en Mäntel / Kleider	— schön-e Mäntel / Kleider
der schön-en Mäntel / Kleider	— schön-er Mäntel / Kleider

4 Das Adjektiv: prädikativer Gebrauch – attributiver Gebrauch

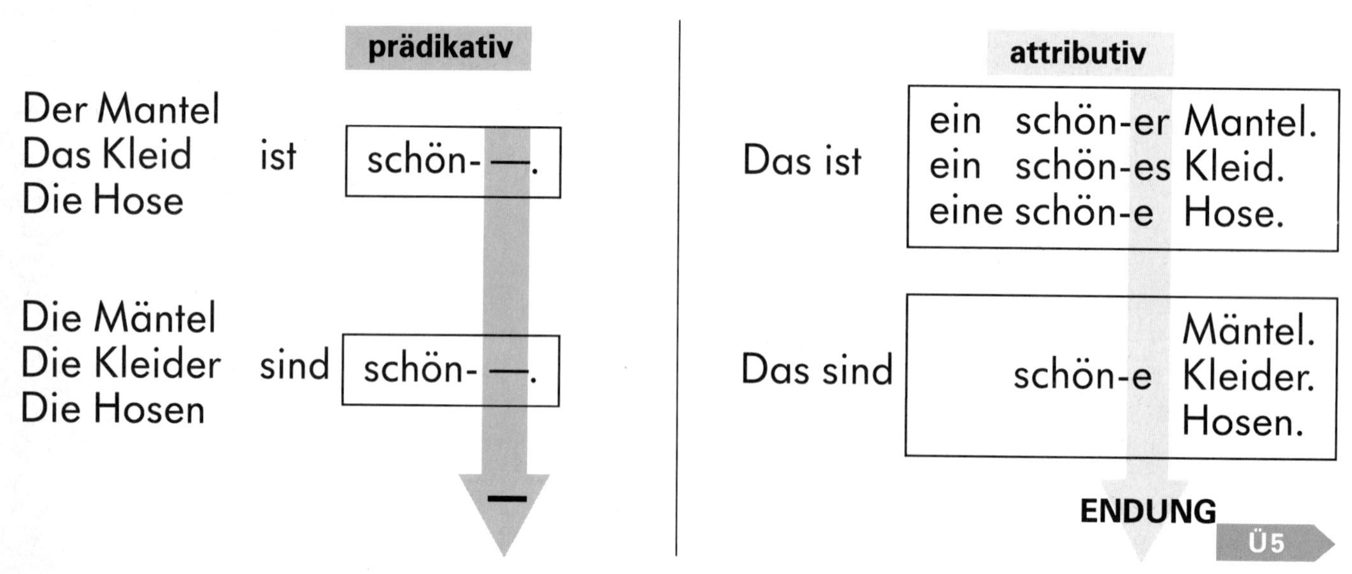

Ü1 Was suchst du?

○ Was suchst du?
● Meine Tasche!
○ Welche?
● Die braune.

Ü2 Was für ein Koffer war das?

○ Mein Koffer ist weg!
● Was für ein Koffer war das?
○ Ein kleiner, grauer.

Tonbandgerät	schwarz	hellblau
Tasche	weiß	dunkelblau
Koffer	grau	gelbgrün
Paket	rot	rot-weiß
Mantel	gelb	ganz neu
Sakko	orange	neu
Hut	beige	alt
Krawatte	braun	gut
Pullover	grün	teuer
Hemd	blau	sehr schön
Bluse		

Ü3 Wie gefällt dir dieser Rock? – Welcher?

○ Wie gefällt dir **dieser Rock/dieses Kleid/diese Bluse?**
● **Welcher?/Welches?/Welche?**
○ **Der/das/die grüne.**
● Nicht schlecht. **Den/das/die rote(n)** finde ich aber noch besser!

weiß
beige
schwarz
grau
rot
braun

gelb
orange
grün
hellblau
blau
dunkelblau

Ü4 Welchen Mantel soll ich nehmen, den blauen oder den grauen?

○ **Welchen Mantel** soll ich nehmen, **den blauen** oder **den grauen**?
● a) Ich finde, **der blaue (Mantel)** steht dir besser.
b) Du solltest **den blauen (Mantel)** nehmen.
c) **In dem blauen (Mantel)** gefällst du mir besser.

Ü5 Ergänzen Sie.

Beispiel: Der Pullover ist hübsch. – **Das ist ein hübscher Pullover.**
Das Kleid ist hübsch. – **Das ist ein hübsches Kleid.**
Die Hose ist hübsch. – **Das ist eine hübsche Hose.**

Aufgabe: Der Hut ist scheußlich. – Das Bild ist phantastisch. – Die Tasche ist teuer. – Die Wohnung ist hell. – Das Zimmer ist groß. – Der Mantel ist teuer. – .....

Beispiel: Die Pullover | Die Kleider | Die Hosen | sind hübsch. – **Das sind** | **hübsche Pullover.** | **hübsche Kleider.** | **hübsche Hosen.**

Aufgabe: Die Hüte sind phantastisch. – Die Zimmer sind hell. – Die Taschen sind schön. – Die Bilder sind scheußlich. – Die Mäntel sind neu. – Die Blusen sind teuer. – .....

Ü6 Ergänzen und antworten Sie.

Beispiel: Wie gefällt dir mein **neuer** Hut? – **Der gefällt mir sehr gut.**
Wie gefällt dir mein **neues** Kleid? – **Das gefällt mir nicht.**
Wie gefällt dir meine **neue** Tasche? – **Die gefällt mir ganz gut.**

Aufgaben: Wie gefällt dir meine (schwarz-) Hose? – Wie gefällt dir mein (neu-) Mantel? – Wie gefällt dir meine (gelb-) Bluse? – Wie gefällt dir mein (rot-) Rock? – Wie gefällt dir mein (neu-) Pullover? – Wie gefällt dir meine (blau-) Jacke?

Beispiel: Wie findest du meinen **neuen** Hut? – **Den finde ich scheußlich.**
Wie findest du mein **neues** Kleid? – **Das finde ich phantastisch.**
Wie findest du meine **neue** Tasche? – **Die finde ich hübsch.**

Aufgaben: Wie findest du meinen (schwarz-) Mantel? – Wie findest du meine (gelb-) Hose? – Wie findest du meinen (grün-) Rock? – Wie findest du meinen (rot-) Sakko? – Wie findest du meinen (blau-) Pullover? – Wie findest du meine (neu-) Jacke?

Beispiel: Wie gefallen Ihnen **die schwarzen** Mäntel? – **Die gefallen mir nicht.**

Aufgaben: Wie gefallen Ihnen die (braun-) Blusen? – Wie gefallen Ihnen die (rot-) Krawatten? – Wie gefallen Ihnen die (blau-) Sakkos? – Wie gefallen Ihnen die (weiß-) Kleider? – Wie gefallen Ihnen die (groß-) Hüte? – Wie gefallen Ihnen die (gelb-) Hosen?

Ü7 Nimm diese Krawatte! Die paßt gut zu deinem neuen Sakko.

Beispiel: Krawatte – dein neuer Sakko
Nimm **diese Krawatte! Die** paßt gut zu **deinem neuen Sakko.**

Aufgaben: Krawatte – deine neue Weste; Hut – dein neuer Mantel; Schal – deine neue Jacke; Pullover – deine neue Hose; Pullunder – dein neuer Rock; Sakko – deine neue Hose; Hose – dein neues Jackett; Handtasche – deine neuen Schuhe; Hut – deine neue Frisur.

Ü8 Wohnungsanzeigen: Ergänzen Sie bitte.

1. Zwei-Zimmer-Appartement mit klein______ Küche, groß______ Bad in ruhig______ Lage an alleinstehend______ Dame zu vermieten.
2. Drei-Zimmer-Wohnung mit groß______ Küche in zentral______ Lage von jung______ Paar mit klein______ Kind gesucht.
3. Gemütlich______ Wohnung in renoviert______ Altbau mit modern______ Bad, groß______ Terrasse und schön______ Garten an kinderlos______ Ehepaar zu vermieten.
4. Möbliert______ Zimmer mit klein______ Kochnische und separat______ WC in gut______ Wohnlage an seriös______ Herrn zu vermieten.

1

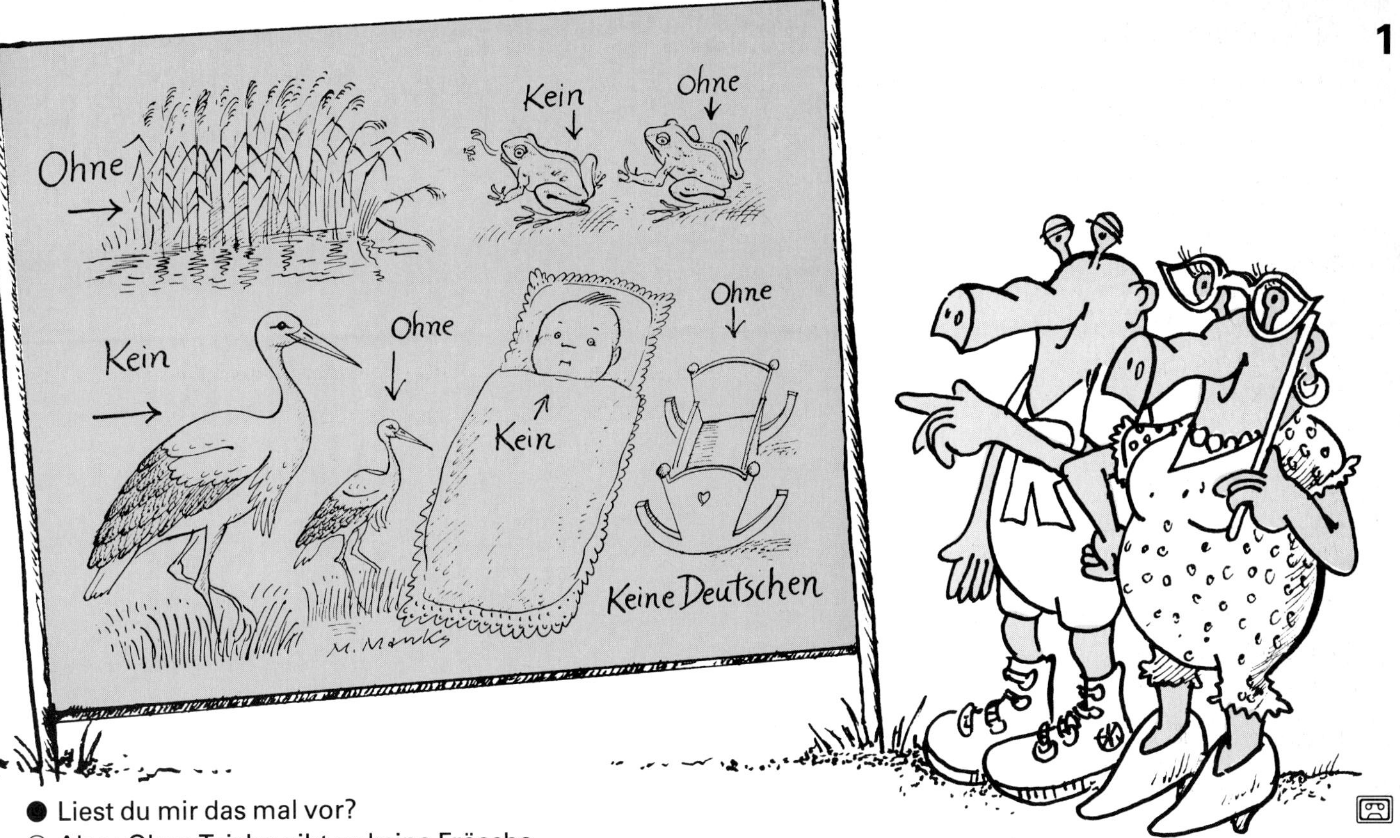

- ● Liest du mir das mal vor?
- ○ Also: Ohne Teiche gibt es keine Frösche.
- ● Wieso?
- ○ Weil Frösche sauberes Wasser brauchen: Teiche! Und wenn es keine Teiche mehr gibt, sterben die Frösche.
- ● Schade!
- ○ Ohne Frösche gibt es keine Störche und .....
- ● Häh?
- ○ Störche fressen Frösche; und wenn es keine Frösche mehr gibt, dann verhungern die Störche.
- ● Aha.
- ○ Und ohne Störche gibt es keine Babys, und ohne Babys gibt es keine Deutschen.
- ● Sooo?
- ○ Der Storch bringt die Babys, verstehst du?
- ● Und warum gibt es keine Deutschen mehr?
- ○ Weil der Storch in Deutschland keine Babys mehr bringt, wenn .....
- ● Aber ich habe gestern noch zwei Deutsche getroffen, zwei sehr nette sogar! Also ist deine Geschichte falsch.
- ○ Langsam, nochmal von vorne: *Wenn* es kein Wasser mehr gibt, dann gibt es keine Frösche mehr, und *wenn* .....
- ● Aber es gibt noch welche!
- ○ Ja, noch gibt es welche. Aber *wenn* es *keine* mehr gibt .....
- ● *Wenn* es keine mehr gibt .....
- ○ Ja, vielleicht in zehn Jahren.
- ● Jetzt hab ich's! Wenn es in zehn Jahren keine Teiche mehr gibt, dann gibt es keine Deutschen mehr, und die Störche haben nichts zu fressen .....

B1

Ohne Teiche gibt es keine Frösche.
Wenn es keine Teiche mehr gibt, gibt es auch keine Frösche mehr. – Warum?
Weil Frösche sauberes Wasser brauchen.

2

○ Der Pullover hat einen Fehler!
○ Ich will mein Geld zurückhaben!
○ Sie müssen den Pullover zurücknehmen!

○ .....

● Warum haben Sie nicht aufgepaßt?
● Nein, das geht nicht!
● Das kann ich nicht machen, Sie haben den Pullover gekauft.

§§§ Recht im Alltag §§§

1. Der Verkäufer (das Geschäft) muß eine neue Ware zurücknehmen und das Geld bar zurückgeben, wenn die Ware einen Fehler hat.
ODER
2. Der Verkäufer muß dem Kunden (Käufer) einen Preisnachlaß (Rabatt) geben, wenn der Kunde die fehlerhafte Ware behalten will.
ODER
3. Der Verkäufer muß dem Kunden eine neue Ware geben, wenn die zuerst gekaufte neue Ware einen Fehler hat. Der Kunde muß dann die erste Ware zurückgeben.
ODER
4. Das Geschäft muß die neue Ware kostenlos reparieren, wenn der Kunde damit einverstanden ist.

Die Garantiezeit für eine Ware beträgt mit oder ohne Garantieschein immer 6 Monate.

Ü1 Was sagt der Text?

Ware zurücknehmen + Geld bar zurückgeben	**wenn**	die Ware einen Fehler hat.
Preisnachlaß geben	....	der Kunde ....
....	....	....
....	....	....

 **Ü2 Hören Sie den Dialog vom Tonband und machen Sie Notizen.**

Ü3 Prüfen Sie die Fälle ①–③: Wer hat recht?

①

Herr A. hat ein Paar Schuhe gekauft. Er trägt sie jeden Tag; nach drei Wochen sind sie kaputt. Er geht zum Schuhgeschäft, aber der Verkäufer sagt: "Wenn die Ware einen Fehler hat, müssen Sie sie sofort zurückbringen. Jetzt ist es zu spät; Sie haben die Schuhe ja schon drei Wochen!"

②

Herr und Frau B. haben einen Tisch und vier Stühle gekauft. Ein Stuhl geht schnell kaputt. Herr B. bringt ihn zur Firma zurück. Die repariert den Stuhl für DM 48.-- Herr B. will die Reparatur nicht bezahlen.

③

Frau C. hat seit zwei Monaten eine neue Schreibmaschine. Zwei Buchstaben funktionieren nicht. Ihr Freund will die Maschine reparieren, aber es geht nicht. Jetzt bringt Frau C. die Maschine zurück. Der Verkäufer sagt: "Sie dürfen die Maschine nicht selbst reparieren! Jetzt haben Sie sie kaputtgemacht. Ich kann Ihnen nicht helfen."

Ü4 Was sagen die Leute? Spielen Sie diese Szenen:

3

Ein schwerer Fehler

Oskar ist links gefahren. Ein Auto kommt entgegen. Sie stoßen zusammen, und das Auto stürzt um. Zum Glück ist keiner verletzt. Die Polizei ist schnell da. Der Polizist stellt fest, daß Oskar an dem Unfall schuld ist, weil er nicht auf einer Autostraße fahren darf. Er soll 50 Mark Strafe zahlen. Aber Oskar ist ganz anderer Meinung und will auf keinen Fall zahlen. Er behauptet, daß er auch ein Auto ist. Der Polizist ist sehr überrascht und will sofort seinen Führerschein sehen. Oskar zeigt ihm seinen Schein, und der ist in Ordnung. „Also gut", sagt der Polizist, „Sie dürfen ein Auto fahren, aber das da ist doch kein Auto!" Aber Oskar ist überzeugt, daß er ein Auto fährt: Es hat vier Räder und einen Motor – das ist er selbst. Da will der Polizist ihn verhaften. „Warum denn?" fragt Oskar. – „Weil Sie dumme Witze machen. Oder sind Sie nicht richtig im Kopf?"

B2

Ü5 Warum? – Weil .....

Warum stürzt das Auto um?	Weil	er dumme Witze macht.
Warum kommt die Polizei?		er auch ein Auto ist.
Warum darf Oskar hier nicht fahren?		es vier Räder hat.
Warum soll er 50 DM zahlen?		Oskar links fährt.
Warum will er nicht zahlen?		ein Unfall passiert ist.
Warum will der Polizist Oskar verhaften?		das eine Autostraße ist.
Warum ist das ein Auto?		er nicht richtig im Kopf ist.
		er am Unfall schuld ist.

Ü6 Wie geht die Geschichte weiter? Erzählen Sie.

Ü7 Wer hat die Vorfahrt?

①

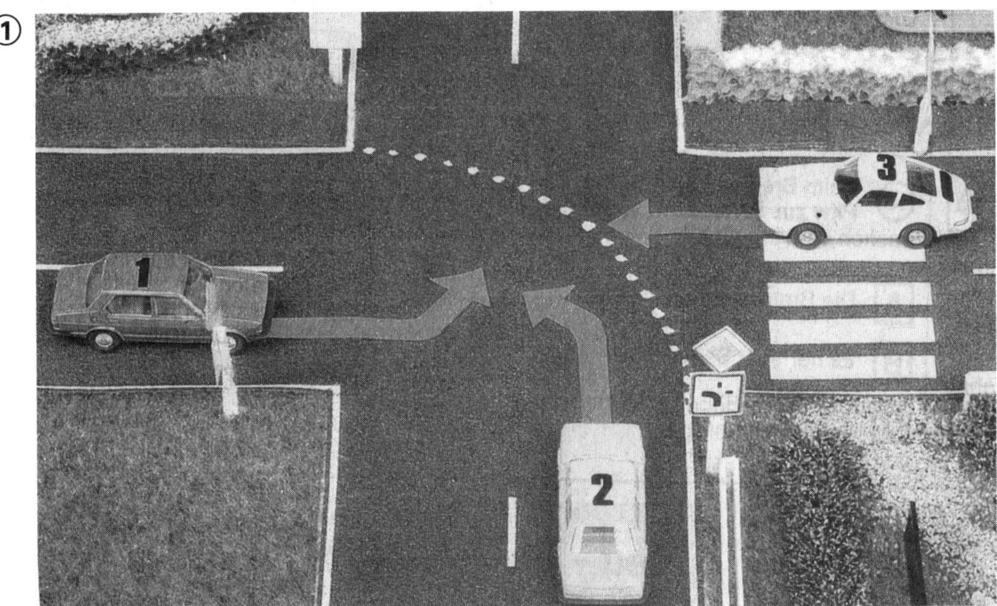

Auto Nr. 2 darf fahren, weil es auf der Vorfahrtsstraße fährt.
Nr. 1 und Nr. 3 müssen warten.
Dann darf Nr. 1 fahren, weil es auch auf der Vorfahrtsstraße fährt und abbiegt.
Nr. 3 muß bis zuletzt warten, weil es .....

Ü8 – Wer darf zuerst fahren? Warum?
– Wer muß warten? Warum?

②

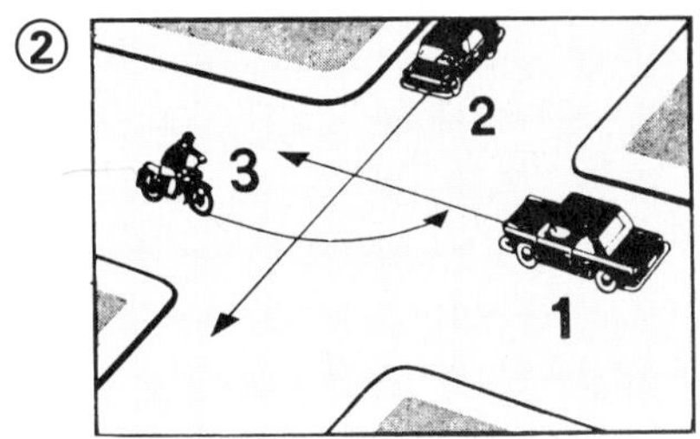

③

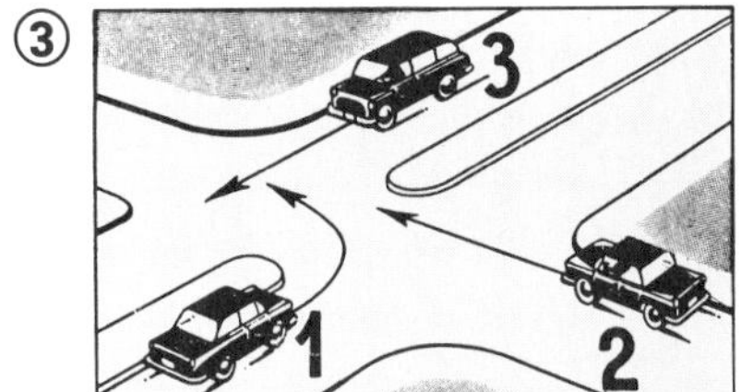

④

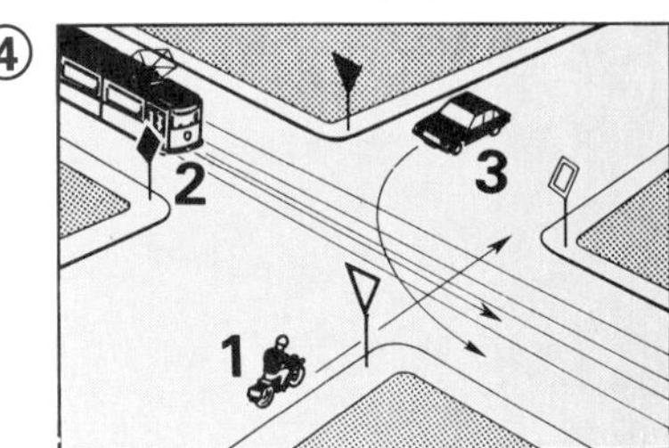

Ü9 Hier müssen Sie/Hier dürfen Sie nicht .....

Beispiel: Nr. 1 – Hier müssen Sie vorsichtig(er) fahren.
Hier dürfen Sie nicht schnell fahren.

①

Straße wird eng! Vorsichtig fahren!

②

Halten! Fußgänger zuerst gehen lassen!

③

Halten!

④

Nicht halten/ nicht parken!

⑤

Nicht weiterfahren!

⑥

Vorsichtig sein!

4

Rotkäppchen

Rotkäppchen besucht seine kranke Großmutter .....

Es wunderte sich, daß die Türe aufstand, und wie es in die Stube trat, so kam es ihm so seltsam darin vor, daß es dachte: „Ei, du mein Gott, wie ängstlich wird mir's heute zumut, und ich bin sonst so gerne bei der Großmutter!" Es rief „guten Morgen", bekam aber keine Antwort. Darauf ging es zum Bett und zog die Vorhänge zurück: da lag die Großmutter und hatte die Haube tief ins Gesicht gesetzt und sah so wunderlich aus. „Ei, Großmutter, was hast du für große Ohren!" „Daß ich dich besser hören kann." „Ei, Großmutter, was hast du für große Augen!" „Daß ich dich besser sehen kann." „Ei, Großmutter, was hast du für große Hände!" „Daß ich dich besser packen kann." „Aber, Großmutter, was hast du für ein entsetzlich großes Maul!" „Daß ich dich besser fressen kann." Kaum hatte der Wolf das gesagt, so tat er einen Satz aus dem Bette und verschlang das arme Rotkäppchen.

B3

Ü 10 Was hast du für ..... ?

Daß/Damit ich dich besser
hören kann.

Ü 11
- **Wie hat das Märchen angefangen?**
- **Wie kommt der Wolf in das Bett der Großmutter?**
- **Ist das Märchen jetzt zu Ende?**
  Wenn nicht: **Warum nicht? Und wie geht es weiter?**
- **Vergleichen Sie den Text auf der Cassette.**

5

Der Kleine Prinz

Antoine de Saint-Exupéry

Kapitel XII

Den nächsten Planeten bewohnte ein Säufer. Dieser Besuch war sehr kurz, aber er tauchte den kleinen Prinzen in eine tiefe Schwermut.

„Was machst du da?" fragte er den Säufer, den er stumm vor einer Reihe leerer und einer Reihe voller Flaschen sitzend antraf.

„Ich trinke", antwortete der Säufer mit düsterer Miene.

„Warum trinkst du?" fragte ihn der kleine Prinz.

„Um zu vergessen", antwortete der Säufer.

„Um was zu vergessen?" erkundigte sich der kleine Prinz, der ihn schon bedauerte.

„Um zu vergessen, daß ich mich schäme", gestand der Säufer und senkte den Kopf.

„Weshalb schämst du dich?" fragte der kleine Prinz, der den Wunsch hatte, ihm zu helfen.

„Weil ich saufe!" endete der Säufer und verschloß sich endgültig in sein Schweigen.

Und der kleine Prinz verschwand bestürzt.

Die großen Leute sind entschieden sehr, sehr wunderlich, sagte er zu sich auf seiner Reise.

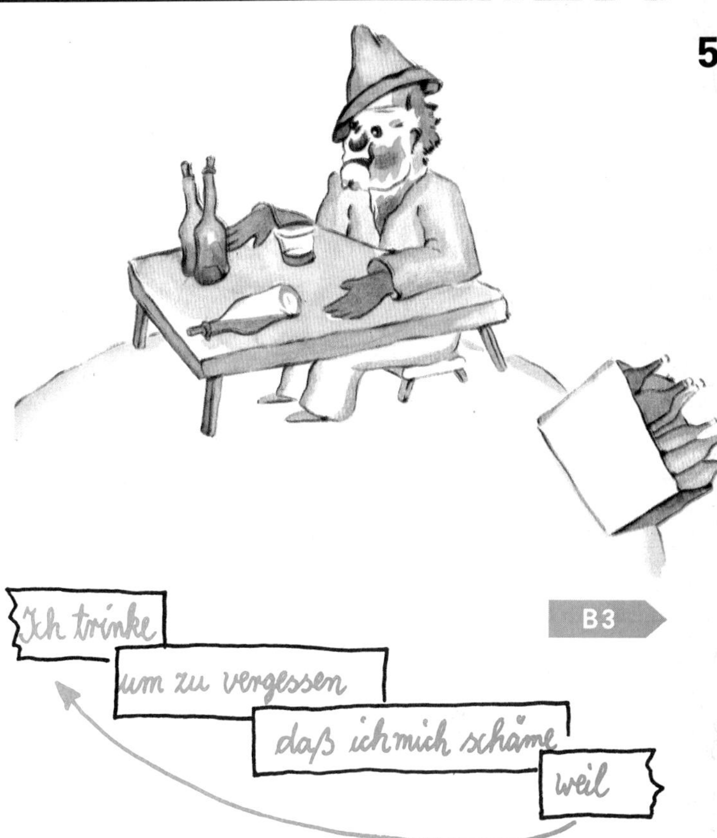

Ü 12 **Der Säufer saß stumm vor einer Reihe leerer und einer Reihe voller Flaschen.**

Der kleine Prinz:	*Der Säufer:*
Was machst du da?	....
....?	Um zu vergessen.
....?	....
....?	....

Ü 13 **Warum? Wozu? Was?**

vergessen

sich schämen

trinken

6

Der Zweckdiener

Bertolt Brecht

Herr K. stellt die folgenden Fragen:
„Jeden Morgen macht mein Nachbar Musik auf einem Grammophonkasten. Warum macht er Musik? Ich höre, weil er turnt. Warum turnt er? Weil er Kraft benötigt, höre ich. Wozu benötigt er Kraft? Weil er seine Feinde in der Stadt besiegen muß, sagt er. Warum muß er Feinde besiegen? Weil er essen will, höre ich."
Nachdem Herr K. dies gehört hatte, daß sein Nachbar Musik mache, um zu turnen, turne, um kräftig zu sein, kräftig sein wolle, um seine Feinde zu erschlagen, seine Feinde erschlage, um zu essen, stellte er seine Frage: „Warum ißt er?"

Ü 14

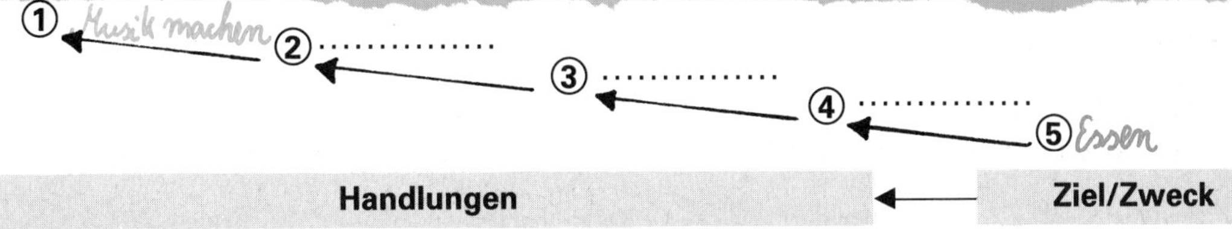

7

Herr Böse und Herr Streit

Es war einmal ein großer Apfelbaum. Der stand genau auf der Grenze zwischen zwei Gärten. Und der eine Garten gehörte Herrn Böse und der andere Herrn Streit.

Das geht nicht gut!

Wie geht das weiter? Was glauben Sie?

Als im Oktober die Äpfel reif wurden, holte Herr Böse mitten in der Nacht seine Leiter aus dem Keller und stieg heimlich und leise-leise auf den Baum und pflückte alle Äpfel ab.
Als Herr Streit am nächsten Tag ernten wollte, war kein einziger Apfel mehr am Baum. „Warte!" sagte Herr Streit, „Dir werd ich's heimzahlen."

"Warte! Dir werd ich's heimzahlen."

Das heißt: "Du hast mir was Böses getan, ich tu dir auch was Böses!"

Was tut Herr Streit wohl?

Heinrich Hannover:
Herr Böse und Herr Streit

Es war einmal ein großer Apfelbaum. Der stand genau auf der Grenze zwischen zwei Gärten. Und der eine Garten gehörte Herrn Böse und der andere Herrn Streit.
Als im Oktober die Äpfel reif wurden, holte Herr Böse mitten in der Nacht seine Leiter aus dem Keller und stieg heimlich und leise-leise auf den Baum und pflückte alle Äpfel ab.
Als Herr Streit am nächsten Tag ernten wollte, war kein einziger Apfel mehr am Baum. „Warte!" sagte Herr Streit, „Dir werd ich's heimzahlen."
Und im nächsten Jahr pflückte Herr Streit die Äpfel schon im September ab, obwohl sie noch gar nicht reif waren. „Warte!" sagte Herr Böse, „Dir werd ich's heimzahlen."
Und im nächsten Jahr pflückte Herr Böse die Äpfel schon im August, obwohl sie noch ganz grün und hart waren. „Warte!" sagte Herr Streit, „Dir werd ich's heimzahlen."
Und im nächsten Jahr pflückte Herr Streit die Äpfel schon im Juli, obwohl sie noch ganz grün und hart und sooo klein waren. „Warte!" sagte Herr Böse, „Dir werd ich's heimzahlen."
Und im nächsten Jahr pflückte Herr Böse die Äpfel schon im Juni, obwohl sie noch so klein wie Rosinen waren. „Warte!" sagte Herr Streit, „Dir werd ich's heimzahlen."
Und im nächsten Jahr schlug Herr Streit im Mai alle Blüten ab, so daß der Baum überhaupt keine Früchte mehr trug. „Warte!" sagte Herr Böse, „Dir werd ich's heimzahlen."
Und im nächsten Jahr im April schlug Herr Böse den Baum mit einer Axt um. „So", sagte Herr Böse, „jetzt hat Herr Streit seine Strafe." Von da an trafen sie sich häufiger im Laden beim Äpfelkaufen.

B4

Ü 15 **Bitte lesen Sie den ganzen Text genau.**
„Warte! Dir werd ich's heimzahlen." – Wie oft steht dieser Satz in der Geschichte? Unterstreichen Sie bitte!

Ü 16 **Untersuchen Sie:**

Wer sagt: „Warte! Dir werd ich's heimzahlen."?	**Warum sagt er das?**
Zuerst: Herr Streit	Weil Herr Böse alle Äpfel........
Dann:	....
Dann:	....

Ü 17 **Bitte schreiben Sie die Sätze fertig:**

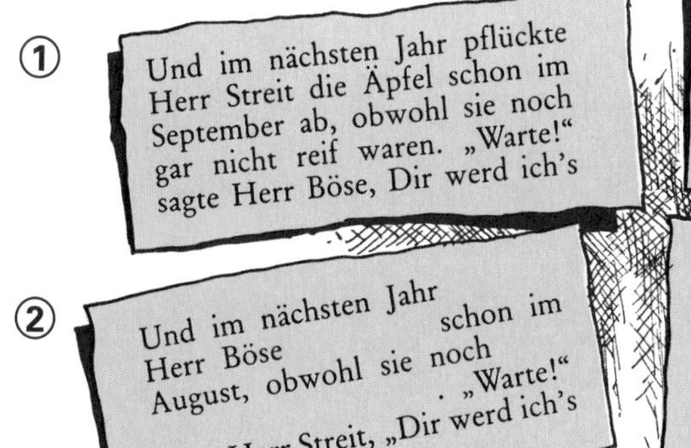
①
Und im nächsten Jahr pflückte Herr Streit die Äpfel schon im September ab, obwohl sie noch gar nicht reif waren. „Warte!" sagte Herr Böse, Dir werd ich's
②
Und im nächsten Jahr Herr Böse schon im August, obwohl sie noch . „Warte!" sagte Herr Streit, „Dir werd ich's

③
Und im nächsten Jahr
Herr Streit
Juli, obwohl

„Warte!" sagte Herr Böse, „Dir

④
Herr Böse, „Dir werd ich's heimzahlen."
Und im
Böse

sagte Herr Streit, . „Warte!"

Ü 18 **Bitte hören Sie den ganzen Text von der Cassette**

1 Der Konditionalsatz: Realis

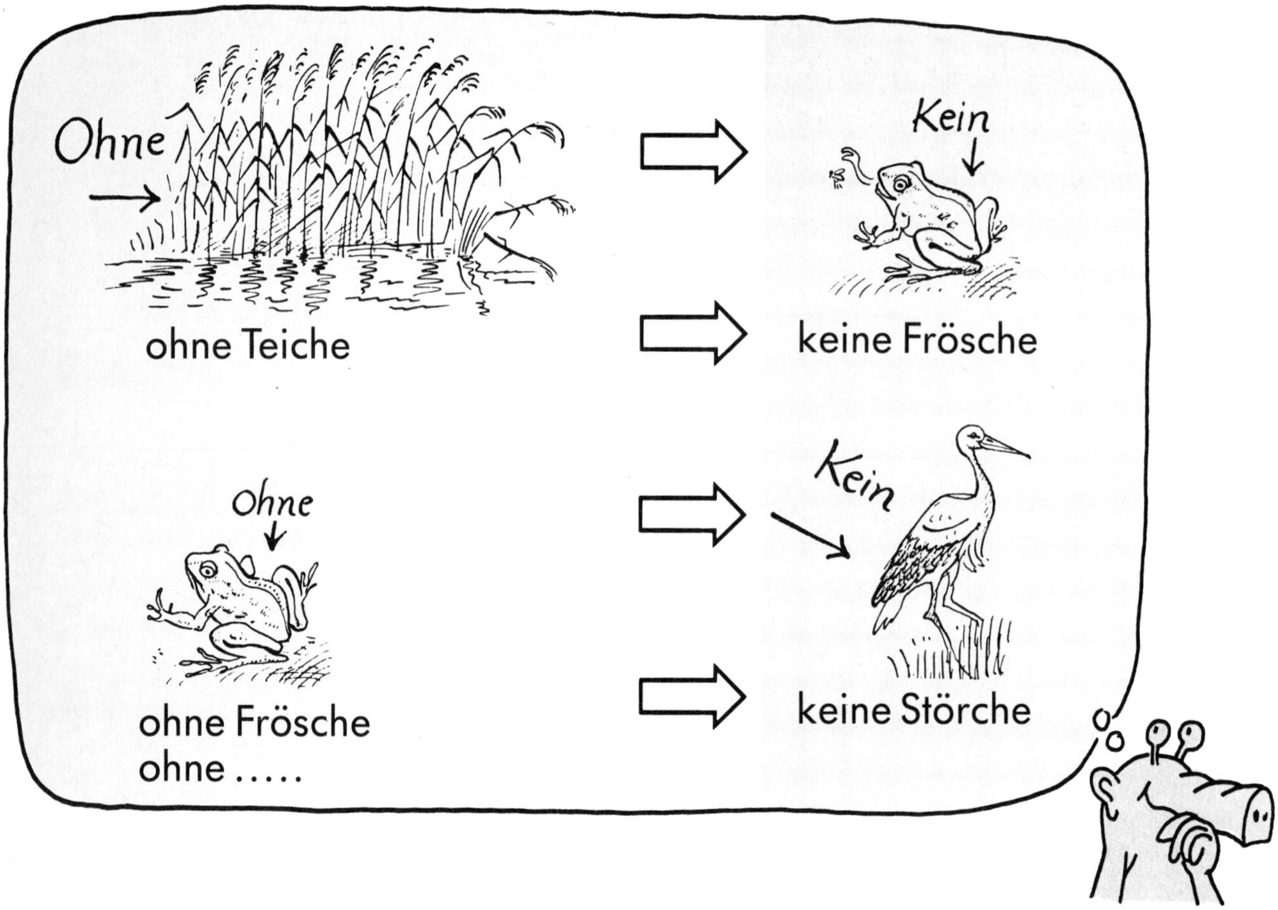

Ohne → ohne Teiche ⇨ Kein → keine Frösche

Ohne → ohne Frösche ⇨ Kein → keine Störche

ohne .....

keine Teiche → keine Frösche → keine Störche → keine Babys .....

Wenn			
	es keine Teiche mehr gibt,		sterben die Frösche.
	es keine Frösche mehr gibt,	**(dann)**	verhungern die Störche.
	es keine Störche mehr gibt,		gibt es keine Babys.

KONDITION/ANNAHME VORAUSSETZUNG ⇨ **KONSEQUENZ/ FOLGE**

KONDITIONALSATZ , HAUPTSATZ

Andere Möglichkeiten:

Angenommen,
Nehmen wir an,
Vorausgesetzt,
} es gibt keine Teiche mehr: **Dann** sterben die Frösche.

Ü1

Der Kausalsatz

2

Rocko fährt falsch. → Rocko verursacht einen Unfall. → Der Fahrer ruft die Polizei. → Die Polizei kommt.

Rocko bekommt Angst. → Rocko läuft weg. → Die Polizei verfolgt Rocko.

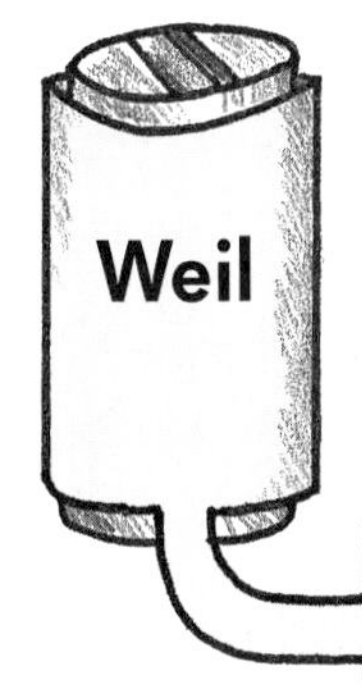

Weil		
	Rocko falsch fährt,	verursacht er einen Unfall.
	ein Unfall passiert ist,	ruft der Fahrer die Polizei.
	die Polizei kommt,	bekommt Rocko Angst.
	Rocko Angst hat,	läuft er weg.

URSACHE/GRUND → **KONSEQUENZ**

KAUSALSATZ , **HAUPTSATZ**

Andere Möglichkeiten:

1. Rocko hat Angst. **Deshalb** / **Daher** / **Aus diesem Grund** läuft er weg.

2. a) Rocko läuft weg. **Denn** er hat Angst.
   b) Rocko läuft weg. Er hat **nämlich** Angst.

Ü2

3 Der Finalsatz

besser hören können

besser sehen können

besser fressen können

„Warum hast du so große Ohren / so große Augen / ein so großes Maul?"

Ich habe so große Ohren,	**damit**	ich dich besser hören kann.
Ich habe so große Augen,		ich dich besser sehen kann.
Ich habe ein so großes Maul,		ich dich besser fressen kann.

HAUPTSATZ , FINALSATZ

Andere Möglichkeit: „um ..... zu" + INFINITIV (nur bei gleichem Subjekt!)

Der Wolf hat so große Ohren, **um** besser hören **zu** können.

Der Wolf hat so große Ohren; er will besser hören können.

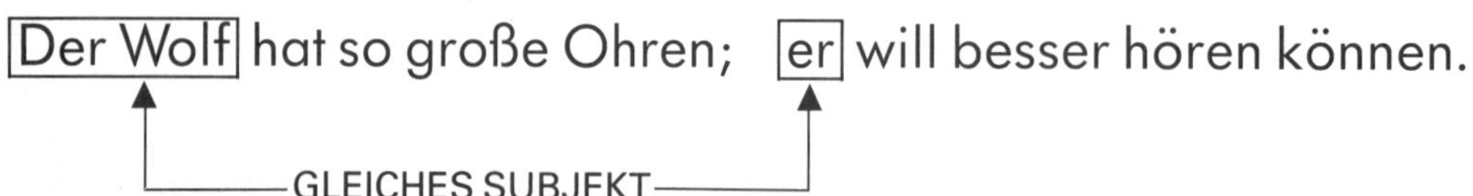

Der Säufer trinkt, **um zu** vergessen.

Der Säufer trinkt; er will vergessen.

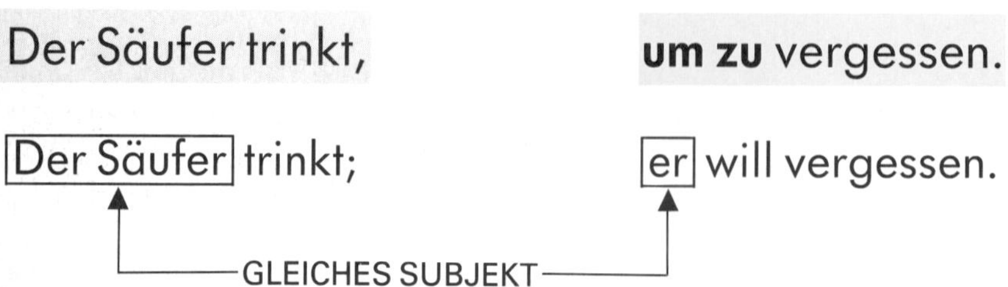

Ü3

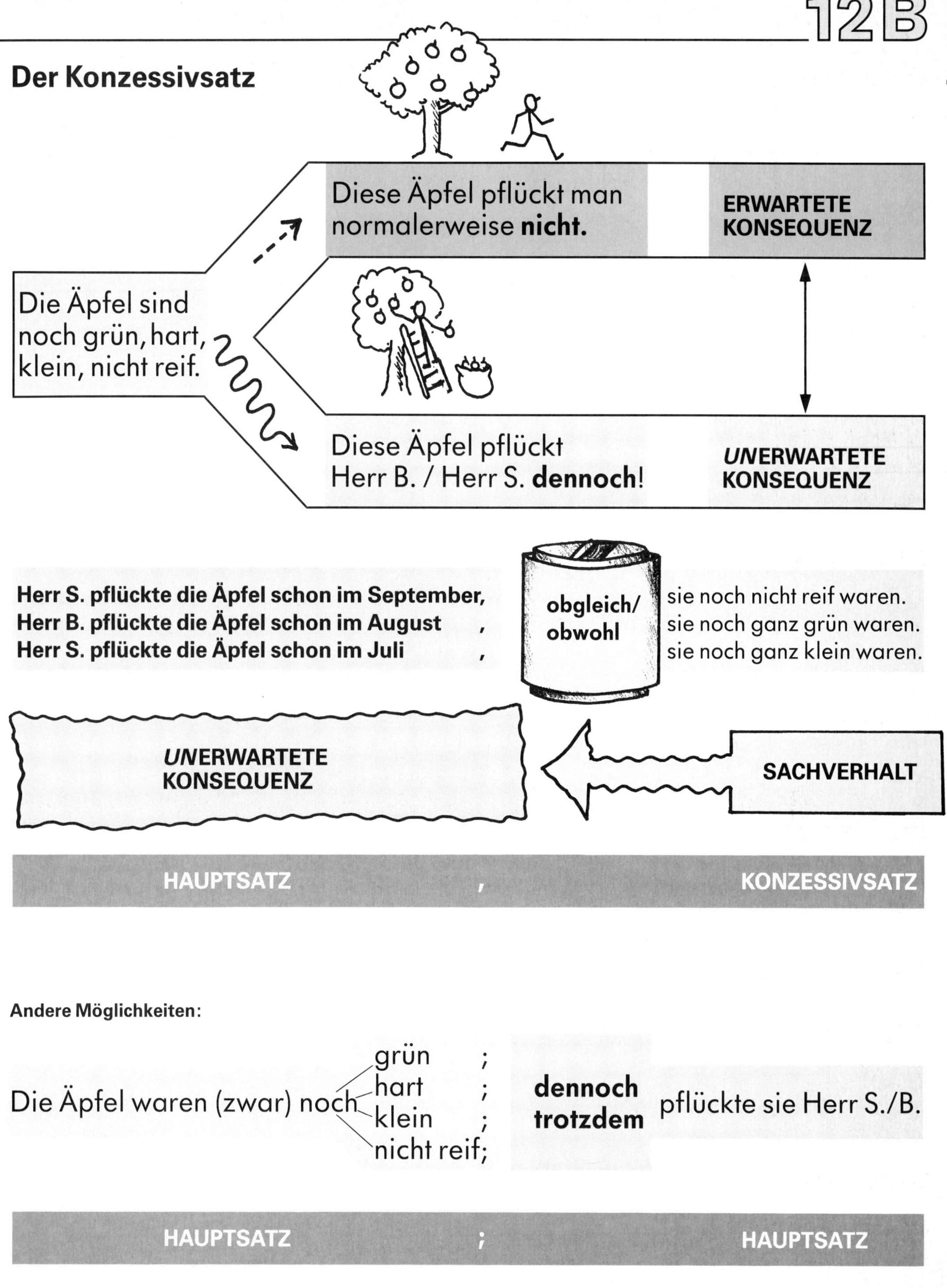
Der Konzessivsatz
4
Diese Äpfel pflückt man normalerweise nicht.
ERWARTETE KONSEQUENZ
Die Äpfel sind noch grün, hart, klein, nicht reif.
Diese Äpfel pflückt Herr B. / Herr S. dennoch!
UNERWARTETE KONSEQUENZ
Herr S. pflückte die Äpfel schon im September,
Herr B. pflückte die Äpfel schon im August ,
Herr S. pflückte die Äpfel schon im Juli ,
obgleich/ obwohl
sie noch nicht reif waren.
sie noch ganz grün waren.
sie noch ganz klein waren.
UNERWARTETE KONSEQUENZ
SACHVERHALT
HAUPTSATZ , KONZESSIVSATZ
Andere Möglichkeiten:
Die Äpfel waren (zwar) noch grün ; hart ; klein ; nicht reif;
dennoch trotzdem
pflückte sie Herr S./B.
HAUPTSATZ ; HAUPTSATZ
Ü4

12 B

Ü1 Machen Sie Sätze

Beispiel: Es regnet. Wir gehen nicht spazieren.
Wenn es regnet, **gehen wir** nicht spazieren.

Aufgaben: 1. Du bist brav. Du bekommst zu Weihnachten schöne Geschenke. 2. Der Wind ist gut. Wir gehen segeln. 3. Ich habe Zeit. Wir gehen ins Kino. 4. Dein Kopf tut weh. Du mußt eine Tablette nehmen. 5. Du fährst in Urlaub. Du schickst mir eine Ansichtskarte. 6. Du bist müde. Du mußt zu Bett gehen. 7. Du hast Durst. Du mußt Wasser trinken. 8. Du magst keine Milch. Du kannst auch Wasser trinken. 9. Du magst keine Milch. Du findest im Kühlschrank Bier. 10. Du willst ins Theater gehen. Du mußt rechtzeitig Karten bestellen. 11. Du hast eine halbe Flasche Wein getrunken. Du darfst nicht Auto fahren. 12. Du meinst, du hast jetzt genügend „wenn"-Sätze gemacht. Du kannst damit aufhören!

Ü2 Machen Sie Sätze

Beispiel: Es hat am Sonntag geregnet. Wir konnten keine Wanderung machen.
a) **Weil** es am Sonntag geregnet hat, **konnten wir** keine Wanderung machen.
b) Es hat am Sonntag geregnet. **Deshalb konnten wir** keine Wanderung machen.
c) Wir konnten am Sonntag keine Wanderung machen. **Denn** es hat geregnet.

Aufgaben: 1. Ich habe das Auto nicht gekauft. Es war zu alt. 2. Der Wagen war schon sehr alt. Ich habe nur die Hälfte bezahlt. 3. Ich war noch nie in Berlin. Ich fahre nächstes Jahr hin. 4. Ich habe nur zwei Wochen Urlaub. Ich mache eine Flugreise. 5. Mein Auto ist kaputt. Ich muß in die Werkstatt fahren. 6. Ich habe meinen Reisepaß verloren. Ich kann erst nächste Woche in Urlaub fahren. 7. Unser Fernseher ist kaputt. Wir reden am Abend wieder miteinander. 8. Ich kenne mich in München nicht aus. Ich habe mir einen Stadtplan gekauft. 9. Ich möchte wissen: Sind die Schweizer anders als die Deutschen? Ich fahre nach Bern. 10. Ich möchte wissen: Gibt es eine österreichische Literatur? Ich lese Romane von Bachmann und Handke. 11. Ich möchte keine „weil"-Sätze mehr machen. Ich mache jetzt wieder „wenn"-Sätze.

Ü3 Machen Sie Sätze

Beispiel: Ich setze eine Brille auf. Ich sehe besser.
a) Ich setze eine Brille auf, **damit ich besser sehe.**
b) Ich setzte eine Brille auf, **um besser zu sehen.**

Aufgaben: 1. Ich ziehe einen Regenmantel an. Ich werde nicht naß. 2. Ich höre die Cassette oft. Ich verstehe Deutsch besser. 3. Ich fahre mit dem Taxi. Ich komme schneller in die Stadt. 4. Ich gehe zu Fuß. Ich bleibe gesund. 5. Ich lasse mein Auto kontrollieren. Ich habe im Urlaub keinen Ärger. 6. Ich mache eine Pause. Ich kann wieder besser arbeiten. 7. Ich rufe beim Zahnarzt an. Ich bekomme einen Termin. 8. Ich gehe einkaufen. Ich habe am Wochenende etwas zu essen. 9. Ich esse Joghurt. Ich bleibe schlank. 10. Ich mache viele Sätze mit „damit". Ich mache bei den „damit"-Sätzen keine Fehler mehr!

Ü4 Machen Sie Sätze

Beispiel: Wir sind gestern spazierengegangen. Es hat geregnet.
a) Wir sind gestern spazierengegangen, **obwohl es geregnet hat.**
b) Es hat gestern (zwar) geregnet; **dennoch/trotzdem sind wir** spazierengegangen.

Aufgaben: 1. Herr Pasolini hat die ganze Woche gearbeitet. Er hat starke Zahnschmerzen gehabt. 2. Herr Gröner hatte eine Autopanne. Er kam noch rechtzeitig zur Konferenz. 3. Ich hatte im Hotel ein Zimmer gebucht. Es war keines reserviert, als ich ankam. 4. Ich konnte die Durchsage am Flughafen nicht verstehen. Ich hörte genau zu. 5. Das Geschäft hatte noch auf. Es war schon zehn nach acht. 6. Ich habe immer noch Halsweh. Ich habe schon 20 Tabletten gelutscht. 7. Ich gehe mit dir ins Kino. Ich habe den Film schon gesehen. 8. Ich habe jetzt so viele „obwohl"-Sätze gemacht. Ich verstehe immer noch nicht, wozu „obwohl"-Sätze gut sind.

Singen und Spielen

Kanon zu 4 Stimmen
Froh zu sein
1.
2.
3.
4.
Volkstümlich
Froh zu sein, be - darf es we - nig, und wer froh ist, ist ein Kö - nig.

Spiele mit Wörtern

① Die Wort-Treppe

Der letzte Buchstabe eines Wortes ist der erste Buchstabe des nächsten Wortes:

Haus
Stuhl
Lied
Dezember
. ....

② Wörter, die in anderen Wörtern stecken

Wie viele Wörter stecken im Wort KREISEL? Sie dürfen Buchstaben auslassen. Aber Sie dürfen die Reihenfolge der Buchstaben von links nach rechts nicht vertauschen:

K	R	E	I	S	E	L
.	R	E	I	S	.	.
.	.	E	.	S	.	.
.	.	E	I	S	.	.
.	.	E	.	S	E	L
K	R	E	I	S	.	.
K	R	E	I	S	E	.
K	R	.	I	S	E	.
K	.	E	I	.	.	L
.	.	E	I	.	.	.
.	R	E	I	S	E	.

MAUERSTEIN
MA. .RS

Versuchen Sie es einmal mit KAFFEETASSE, SCHLAGADER – oder suchen Sie selbst Wörter aus.

③ Kofferpacken

Ein Kursteilnehmer beginnt: „Ich fahre nach Berlin. In meinen Koffer packe ich: ein Hemd."
Der nächste Teilnehmer macht weiter: „Ich fahre nach Berlin. In meinen Koffer packe ich: ein Hemd und eine Hose."
Der dritte Teilnehmer sagt: „Ich fahre nach Berlin. In meinen Koffer packe ich: ein Hemd, eine Hose und einen Pullover."
Und so weiter!
Wer einen Fehler macht, hat verloren.

④ „Ich sehe was, was du nicht siehst“

Ein Teilnehmer merkt sich einen Gegenstand im Klassenzimmer und beschreibt ihn, z.B.: „Es ist ca. 50 cm lang und 30 cm hoch. Es ist braun und hat einen schwarzen Streifen. Man kann es tragen ...“ (Lösung: die Büchertasche).
Wer den Gegenstand zuerst errät, merkt sich nun selbst einen anderen Gegenstand (der muß im Klassenzimmer sein!) und beschreibt ihn ...

⑤ Personen raten

Ein Kursteilnehmer stellt sich eine Person vor, die alle anderen kennen, z.B. aus der Geschichte: Napoleon. Er beschreibt dann die Person: „Ich bin ein berühmter Politiker und General. Ich habe vor ungefähr 200 Jahren gelebt. Ich bin Franzose .....“
Wer die Person errät, denkt sich selbst eine neue Person aus und stellt diese vor.

⑥ Pantomime: ein Wort erraten

Auf Zettel werden Wörter geschrieben, die man gut als Pantomime darstellen kann, z.B. „Wind“, „Lehrer“.
Jeder Kursteilnehmer zieht einen Zettel. Einer spielt dann den anderen sein Wort vor. Wer das Wort errät, macht weiter und spielt sein Wort vor.

⑦ Scharade

Ein Kursteilnehmer (Nr. 1) denkt sich eine lustige Geschichte aus, die er ohne Worte (pantomimisch) vorspielen soll. Z.B.: ein Verliebter wartet beim Rendezvous auf seine Freundin, die nicht kommt. Bevor er zu spielen anfängt, werden 3 Kursteilnehmer ausgesucht (Nr. 2, 3, 4).
Nr. 3 und 4 werden vor die Tür geschickt.
Nr. 1 spielt Nr. 2 die Pantomime vor; dann spielt Nr. 2 der Nr. 3 vor, was er gesehen hat (und sich darüber denkt); dann spielt Nr. 3 für Nr. 4 die Geschichte. Am Schluß erklärt Nr. 4, was er/sie gespielt hat.
Meistens ist das etwas ganz anderes als das, was Nr. 1 zuerst gespielt hat.
Alle Kursteilnehmer besprechen, wo Mißverständnisse aufgetreten sind.

⑧ Einen Satz erraten

Zwei Kursteilnehmer werden ausgesucht und vor die Tür geschickt. Der Lehrer hat zwei Zettel vorbereitet. Auf jedem Zettel steht ein Satz, z.B. „Meine Mutter hat sich den Arm gebrochen.“ oder „Ich muß heute noch zwei Bücher lesen.“ Der Lehrer liest der Klasse die Sätze vor. Dann holt er die beiden Teilnehmer herein, gibt jedem einen Zettel (den der andere nicht lesen darf!) und sagt zu ihnen: „Stellen Sie sich vor, Sie sind auf der Post und warten am Schalter. Sie kommen miteinander ins Gespräch. Führen Sie das Gespräch so, daß Sie den Satz auf Ihrem Zettel möglichst unauffällig *wörtlich* sagen können. Sie haben fünf Minuten Zeit. Ihr Partner muß am Ende erraten, welcher Satz auf Ihrem Zettel steht!“

1

Würden Sie mir bitte Feuer geben?

Geben Sie dem Chef bitte Feuer!

Feuer für den Chef!!

Gib dem Chef Feuer!

Ü1 Spielen Sie „Auffordern"

- einen Stuhl bringen
- die Zeitung geben
- Bier holen
- Herrn X rufen
- .....

Uwe Timm

Erziehung

laß das
komm sofort her
bring das hin
kannst du nicht hören
hol das sofort her
kannst du nicht verstehen
sei ruhig
faß das nicht an
sitz ruhig
nimm das nicht in den Mund
schrei nicht
stell das sofort wieder weg
paß auf
nimm die Finger weg
sitz ruhig
mach dich nicht schmutzig
bring das sofort wieder zurück
schmier dich nicht voll
sei ruhig
laß das

wer nicht hören will
muß fühlen

Ü2 Wie kann man das auch höflich sagen?

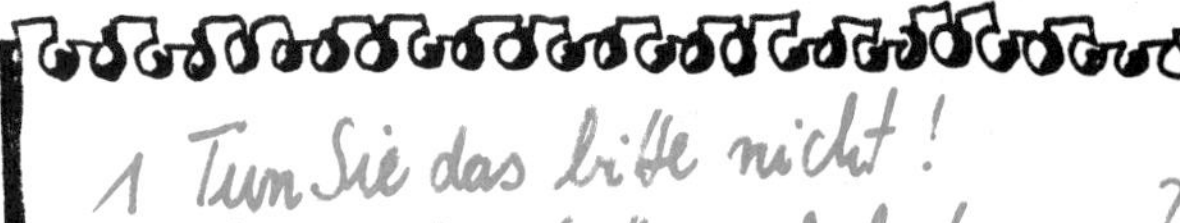

1 Tun Sie das bitte nicht!
2 Würden Sie bitte mal herkommen?
3
4
5
6
7
8
9
10
11
12
13
14
15
16
17
18
19
20

B1–2

2 Bitte machen Sie mit!

Sie sollen eine Figur zeichnen, bemalen, ausschneiden und zusammenfalten. Nehmen Sie bitte ein Stück Pappe:

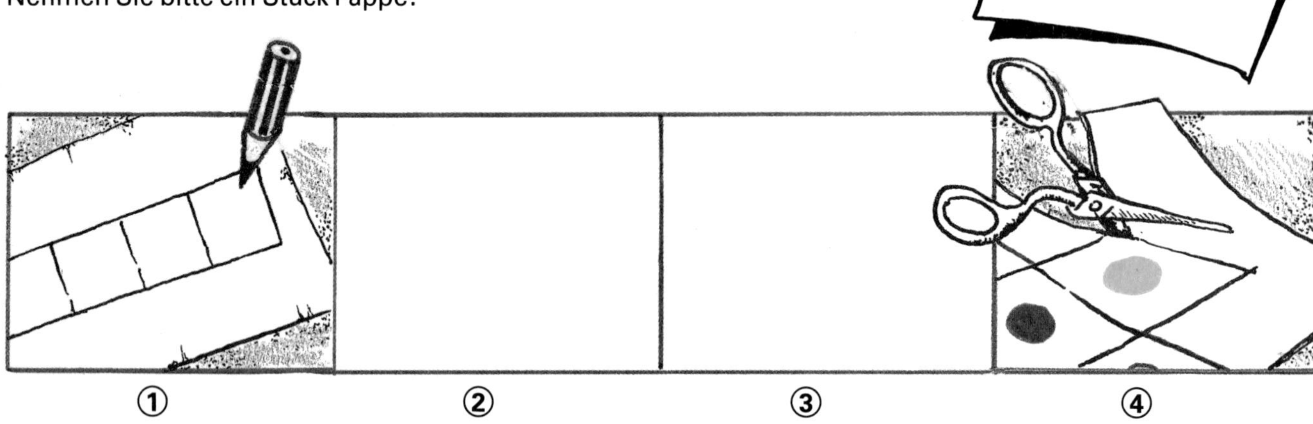

Zeichnen Sie vier Quadrate (Seitenlänge 3 cm) mitten auf diese Pappe. Die Quadrate sollen in einer Linie von links nach rechts nebeneinanderliegen.

Zeichnen Sie je ein Quadrat über und unter das dritte Quadrat von links. Malen Sie auf diese beiden Quadrate einen blauen Kreis.

Malen Sie auf das erste und dritte Quadrat von links einen roten Kreis und auf das zweite und vierte Quadrat einen grünen Kreis.

Jetzt schneiden Sie bitte die ganze Figur aus und machen daraus einen Körper. Die bunten Kreise sollen nach außen zeigen.

Wenn die blauen, roten und grünen Kreise auf den gegenüberliegenden Flächen sind, dann haben Sie die Aufgabe richtig gelöst!

Ü3 Ein Zeichenspiel

Ein Kursteilnehmer bekommt ein Bild (ein Beispiel ist in den *Lehrerhandreichungen*).
Er/Sie beschreibt nun das Bild, die anderen Kursteilnehmer zeichnen es nach der Beschreibung:

„Rechts oben ist ein ..... . Sie zeichnen jetzt in die Mitte einen ..... . Vorne rechts müssen Sie eine ..... malen ..."

Zum Schluß vergleichen sie alle ihre Bilder mit dem Originalbild.

3

Maggi
-Püree
9 Portionen
So wird 1 Beutel MAGGI Flockenpüree zubereitet:
(Packung enthält 2 Beutel)
1. ½ l Wasser mit ½ Kaffeelöffel Salz aufkochen.
2. Topf von der Kochstelle nehmen.
3. ¼ l kalte Milch und ein Stück Butter/Margarine zugeben. Bitte nicht mehr Milch verwenden als vorgeschrieben.
4. Püreeflocken kurz einrühren, ca. 1 Minute quellen lassen und noch einmal mit dem Kochlöffel durchrühren (nicht schlagen).

Ü4 – **Wissen Sie, wie Kartoffelpüree schmeckt? Ißt man es auch in Ihrem Land?**
– **Das „Maggi-Flockenpüree" ist schon fast fertig; man kann es sehr schnell zubereiten. Vergleichen Sie die Anweisungen 1.–4. mit den vier Bildern: Was gehört zusammen? Was kann man auf den Bildern nicht sehen?**

4

Frisches Püree!

Herr Roscher, der Küchenchef des „Hoberger Landhauses" in Bielefeld, meint, daß man sich auch bei einem einfachen Gericht wie dem Kartoffelpüree Mühe geben muß.

Hier die Reihenfolge seiner Arbeitsschritte:

Die Kartoffeln werden geschält und in Stücke geschnitten. Dann werden sie in Salzwasser gekocht und anschließend durch eine Kartoffelpresse gepreßt. Darüber wird heiße Milch mit Butter, Salz und Muskat gegossen.

Ü5 – **Beschreiben Sie: Wie macht Herr Roscher Kartoffelpüree?**
„Er schält die Kartoffeln ....."
– **Hören Sie jetzt das Interview mit dem Küchenchef. Vergleichen Sie seine Beschreibung mit den Arbeitsschritten / der Zeichnung oben.**

Ü6 – **Welches Kartoffelpüree ist einfacher zuzubereiten?**
– **Welches Kartoffelpüree schmeckt wohl besser: das von „Maggi" oder das von Herrn Roscher? Warum?**

Ü7 **Beschreiben Sie, wie *Sie* ein einfaches Gericht zubereiten.**

B3–7

Wasser mit 1/2 Kaffeelöffel Salz aufkochen.	Das Wasser wird mit 1/2 Kaffeelöffel Salz aufgekocht.
Topf von der Kochstelle nehmen.	Der Topf wird von der Kochstelle genommen.

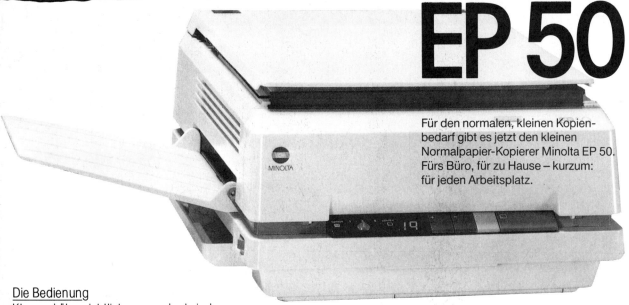

5

EP 50

Für den normalen, kleinen Kopienbedarf gibt es jetzt den kleinen Normalpapier-Kopierer Minolta EP 50. Fürs Büro, für zu Hause – kurzum: für jeden Arbeitsplatz.

Die Bedienung

Klar und übersichtlich angeordnet sind die farbig gekennzeichneten Funktionstasten beim Minolta EP 50: die grüne Start-Taste, die orangefarbene Unterbrecher- bzw. Lösch-Taste, die blauen Kopienvorwahl-Tasten und der Kontrastregler. Die Ziffernanzeige zeigt die vorgewählte Kopienanzahl bis zu 19 Stück.

BEDIENUNGSELEMENTE UND ANZEIGELAMPEN

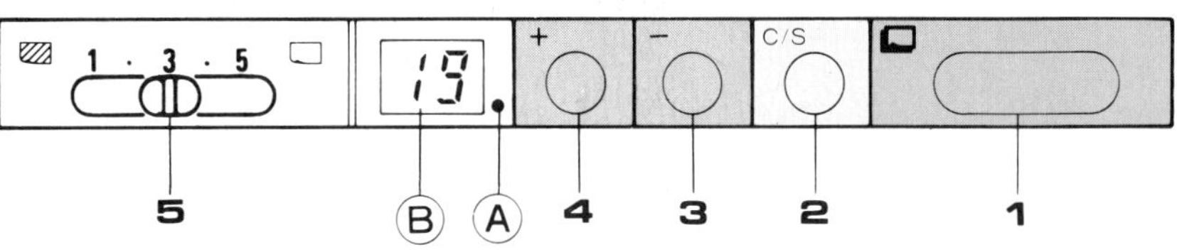

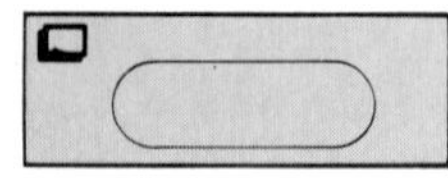

Kopiertaste

Durch Druck auf diese Taste wird ein Kopiervorgang ausgelöst.

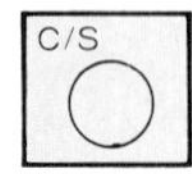

Lösch/Stopp-Taste

Durch einmaliges Drücken dieser Taste wird ein Mehrfachkopierablauf gestoppt. Nochmaliges Drücken setzt die Anzeige auf „1" zurück.

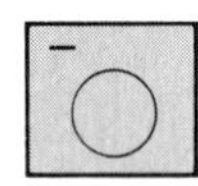

„–"-Taste

Vermindern der gewünschten Kopienzahl zwischen 1 und 19.

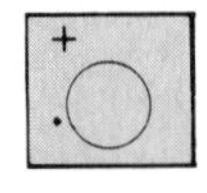

„+"-Taste

Erhöhen der gewünschten Kopienzahl zwischen 1 und 19.

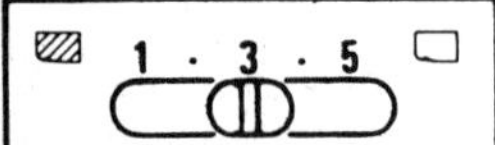

Belichtungsregler

Mit dem Belichtungsregler kann der Kontrast der Wiedergabe eingestellt werden. Stellung „3" paßt für normale Vorlagen. Ist die Wiedergabe zu dunkel, muß der Belichtungsregler nach rechts, also in Richtung „5", verschoben werden. Ist die Wiedergabe zu hell, muß der Belichtungsregler nach links, also in Richtung „1", verschoben werden.

Ü8

- **Wie viele Kopien produziert der Kopierer in diesem Augenblick?**
- **Können Sie die Tasten an diesem Apparat auf deutsch erklären?**

Ü9

Hören Sie jetzt die Erklärungen eines Fachmannes vom Tonband.

- **Wie schnell ist der Kopierer betriebsbereit?**
- **Was sagt der Fachmann zu den Tasten 2, 3, 4?**
- **Der EP 50 ist für den „normalen, kleinen Kopienbedarf" – was bedeutet das?**

Ü10

Was machen Sie?

- **Das Original, das Sie kopieren wollen, ist sehr hell und blaß.**
- **Sie brauchen von einem Original 30 Kopien.**

6

Jedes Jahr dieselben Verkehrsprobleme!

Ü 11

Wenn zu viele Autos auf den Straßen sind, gibt es „Staus" und „Behinderungen"; d.h., man muß oft langsam fahren oder warten.

- **Warum gibt es am 16.–17. Juni Staus?**
- **Zwischen welchen Städten gibt es Verkehrsprobleme?**
- **Was ist ratsam? Was soll man tun?**
- **Wann kann man besser in Urlaub fahren?**
- **Wann und wo gibt es in *Ihrem* Land Verkehrsprobleme?**

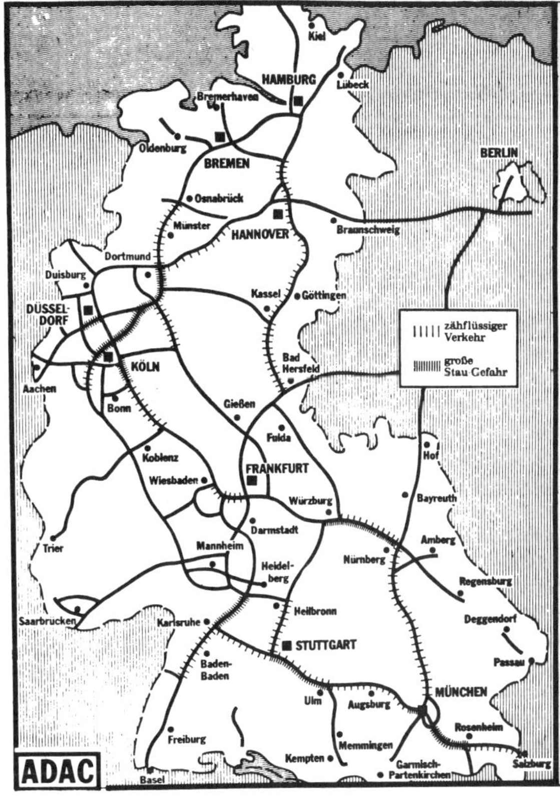

Stau-Prognose für 16./17. Juni

Mit starken Behinderungen

ist am Wochenende vor allem auf den Autobahnen in Baden-Württemberg (dort beginnen heute die Ferien), in Bayern und im Raum Köln zu rechnen. Diese graphische Übersicht zeigt die vom ADAC veröffentlichten „Stau-Strecken".
Auf der Fahrt in den Süden ist es ratsam, schon am Freitagnachmittag in diesen Staugebieten auf Nebenwege auszuweichen.
Wer in Ruhe seinen Urlaub beginnen will, sollte demnach am Dienstag oder Mittwoch starten.

Liebe Urlaubsreisende!

Ihr wohlverdienter Urlaub steht vor der Tür.
Wenn Sie im Familienrat beschlossen haben, Ihren Urlaubsort mit dem eigenen Fahrzeug anzusteuern, dann sollten Sie auf jeden Fall die verkehrsreichen Tage meiden. Obwohl das Autobahnnetz mittlerweile rd. 8.400 km lang ist und viele Baustellen in der Urlaubszeit aufgehoben werden, kommt es zur Ferienzeit immer wieder zu Staus und quälenden Stop-and-go-Fahrten. Tun Sie sich das nicht an; wählen Sie eine Fahrtroute, die weniger befahrene Landstraßen mit einschließt. Es lohnt sich, so ein bißchen mehr von unserem schönen Land kennenzulernen.
Mein Tip: Den Staus ausweichen und schon die Fahrt genießen. Denjenigen, die noch die Möglichkeit haben, sich zwischen der Fahrt mit dem Auto oder Motorrad und einer Bahnreise zu entscheiden, empfehle ich, sich in die Obhut der Deutschen Bundesbahn zu begeben. Denn mit der Bahn, z.B. im Autoreisezug, haben Sie nicht nur bei der An- und Abfahrt zum Urlaubsort zusätzliche Urlaubsentspannung. Vielfach sind auch die Kosten günstig, vor allem dann, wenn die besonderen Angebote gezielt wahrgenommen werden.
Mein Rat: Lassen Sie sich gegebenfalls von den Fachleuten der Eisenbahn informieren.
Einen schönen Urlaub und eine gute und sichere Fahrt wünscht Ihnen und Ihren Angehörigen

der Bundesminister für Verkehr

Ü 12

Hören Sie Rundfunk-Durchsagen zu Verkehrsstaus auf bundesdeutschen Autobahnen bei Beginn der Schulferien.

- **Wo sind die größten Staus?**
- **Was sollen die Autofahrer tun, die nach Süden in den Urlaub fahren?**

Ü 13 **Der Verkehrsminister gibt Ratschläge/Empfehlungen:**

„Sie sollten auf jeden Fall ..."
„Tun Sie sich das nicht an!"
(= Machen Sie das nicht, es ist nicht gut für Sie!)
„Wählen Sie ..."
„Mein Tip: ..."
„Ich empfehle ..."
„Mein Rat: ..."

- **Suchen Sie diese Ausdrücke im Text.**
- **Was rät der Minister?**

7

Ein schöner Tag

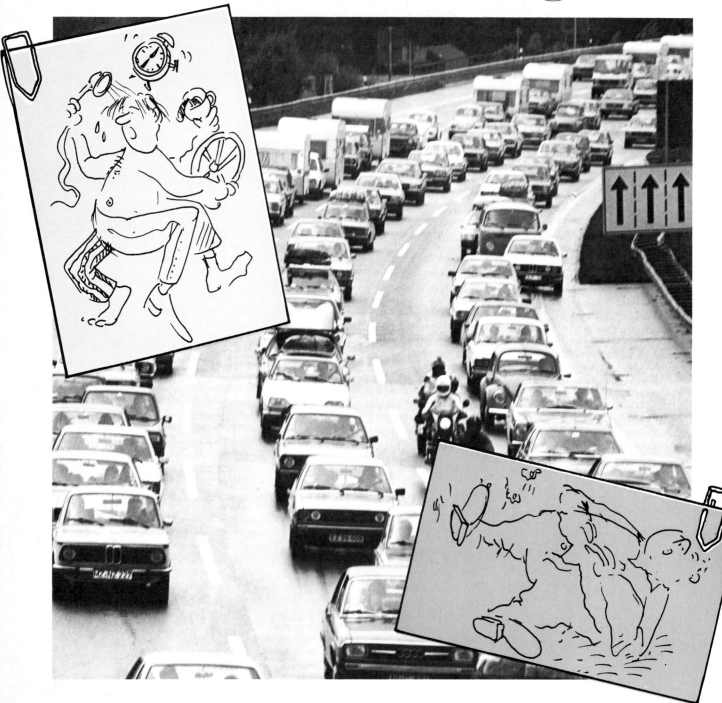

- Bitte lesen Sie noch nicht weiter!
  Die Bilder oben zeigen Ihnen: Einen großen Teil der Geschichte kennen Sie schon.
- Was sagen die beiden Zeichnungen? Zeigen sie verschiedene Personen?
  Oder ist es zweimal dieselbe Person?
- Was bedeutet die ganze Bildseite?
  Ist das eine schöne oder eine unangenehme Geschichte?
- Sie haben jetzt schon eine Idee von der Geschichte. Erzählen Sie!
- Vergleichen Sie nun den folgenden Text mit "Ihrer" Geschichte.

Liselotte Rauner

Ein schöner Tag

Es ist jeden Sonntag dasselbe. Früh um sechs Uhr: raus aus den Federn! Und dann geht die Hetze gleich los. Flink unter die Dusche! Schnell den Tisch decken! Rasch Kaffee trinken! Die Zeit drängt. Vater fährt schon den Wagen aus der Garage. Wartet ... und hupt. Die Fahrt ins Blaue ist wieder fällig. Wozu ist denn das Auto da? Damit man raus kommt aus der Stadt! Ins Grüne! An die frische Luft! Das ist ja so gesund für die Kinder!

Till ist fünf Jahre alt. Dieter ist zehn Jahre älter. Er wird dafür sorgen, daß der kleine Bruder sich nicht langweilt. Dieter denkt während der Fahrt an seine Freunde. Die dürfen um diese Zeit noch pennen. Treffen sich um zehn im Schwimmbad. Wollen am Nachmittag zu Ulla, die in ihrem Garten eine Party gibt. Und abends gehen sie alle ins Theater. Ohne Dieter. Der hat ja seine Familie. Der hat seine Ordnung. Dafür opfert Vater jeden Sonntag seine freie Zeit.

Die Fahrt geht zügig voran. Und dann kommt der erste Stau. Das kann lange dauern. Aber keiner stellt den Motor ab. Die Gase verpesten die Luft. Und es wird heiß im Wagen; denn es ist ein schöner Tag. Till fängt an zu weinen. Vater flucht. Und Mutter wird nervös, weil sie nicht helfen kann.

Doch nach einer halben Stunde geht es schon weiter. Aber die nächste Schlange hält etwas länger auf. Das wird dem kleinen Till nun doch zuviel. Er brüllt und tobt. Keiner kann ihn mehr beruhigen. Vater bewilligt endlich eine Pause!

Jetzt geht der Ärger erst richtig los. Das Bier ist warm. Die Milch ist sauer. Und der Kartoffelsalat ist verdorben. Zum Glück ist ein Lokal in der Nähe. Es ist sehr voll. Man muß zu lange auf das Essen warten. Soviel Geduld kann man von Vater nicht verlangen. Es ist ja auch noch Obst im Wagen. Und nun fährt Vater hinaus in die freie Natur. Es ist ein schöner Tag. Das Wetter könnte nicht besser sein.

Am Rande eines Waldes läßt man sich nieder. Eine Minute später liegt Vater in tiefem Schlaf. Mutter gönnt ihm die Ruhe. Sie sorgt dafür, daß die Kinder nicht stören. Die Heimfahrt wird auch wieder Nerven kosten. Das Radio meldet: Chaos auf allen Straßen in Richtung Ruhrgebiet.

Ü14 **In dieser Geschichte sind viele Wörter und Wendungen für Tempo/Bewegung und Ruhe/Stopp. Notieren Sie bitte!**

raus aus den Federn!
Hetze
.....

pennen
Stau
.....

Ü15

Können Sie die Geschichte zeichnen? Z. B. so:

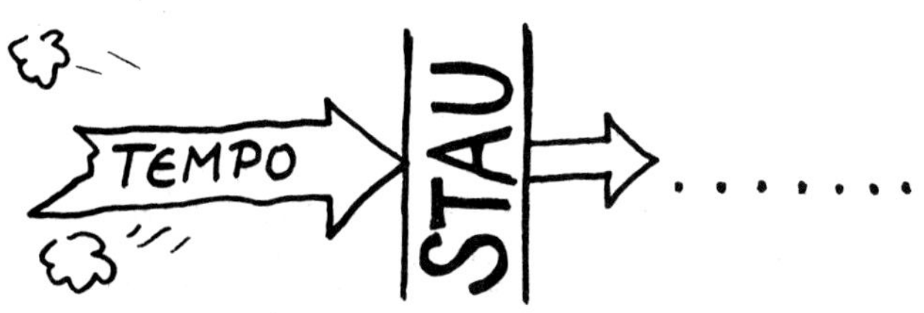

Ü16

Ein Teil der Geschichte gehört nicht direkt zur Handlung? Welcher?

1 Der Imperativ

Geben Sie dem Chef bitte Feuer!
Gib dem Chef Feuer!

2. Gebrauch

Befehl/
Aufforderung

Erziehung

nimm die Finger weg
sitz ruhig
mach dich nicht schmutzig
bring das sofort wieder zurück
schmier dich nicht voll
sei ruhig
laß das

1. Formen

Infinitiv	geben	nehmen	machen	sein	haben
Singular 2. Person	gib! geben Sie!	nimm! nehmen Sie!	mach! machen Sie!	sei! seien Sie!	hab! haben Sie!
Plural 1. Person 2. Person	geben wir! gebt! geben Sie!	nehmen wir! nehmt! nehmen Sie!	machen wir! macht! machen Sie!	seien wir! seid! seien Sie!	haben wir! habt! haben Sie!

Ü1

2 Der Konjunktiv mit „würd-"

1. Formen

Infinitiv		geben	
Singular			
1. Person	ich	würd- e	geben
2. Person	du	würd- est	geben
	Sie	würd- en	geben
3. Person	er sie es	würd- e	geben
Plural			
1. Person	wir	würd- en	geben
2. Person	ihr	würd- et	geben
	Sie	würd- en	geben
3. Person	sie	würd- en	geben
		würd-	**+ INFINITIV**

→ 10B1

2. Gebrauch

Würden Sie mir bitte Feuer geben?
Würdest du ... bitte ... geben?
Würden Sie ... bitte ... geben?
Bitte/Aufforderung
Würdet ihr ... bitte ... geben?
Würden Sie ... bitte ... geben?
Mehr Konjunktiv in Kap. 15.

Ü1

Das Passiv: Form 3

Der Küchenchef erklärt:

Wie	wird	Kartoffelpüree	bereitet?
Die Kartoffel	wird		geschält.
Sie	wird	in kleine Stücke	geschnitten.
Die Kartoffeln	werden	in Salzwasser	gekocht.
Sie	werden	durch eine Kartoffelpresse	gepreßt.
Heiße Milch	wird	über die Kartoffeln	gegossen.

werd- + PARTIZIP II → PASSIV

Ü2

Das Passiv: Präsens 4

Infinitiv			gesehen werden	gekocht werden	vorbereitet werden
Singular 1. Person	ich	werd- e	gesehen	—	vorbereitet
2. Person	du	wir - st	gesehen	—	vorbereitet
	Sie	werd- en	gesehen	—	vorbereitet
3. Person	er sie es	wird -	gesehen	gekocht	vorbereitet
Plural 1. Person	wir	werd- en	gesehen	—	vorbereitet
2. Person	ihr	werd- et	gesehen	—	vorbereitet
	Sie	werd- en	gesehen	—	vorbereitet
3. Person	sie	werd- en	gesehen	gekocht	vorbereitet
		PRÄSENS von „werden“	+ **PARTIZIP II**		

Ü2

5 Passiv ⟷ Aktiv: Bedeutung

Passiv			**Aktiv**		
Die Kartoffel	wird	geschält.	Der Koch	schält	die Kartoffel.
Sie	wird	geschnitten.	Er	schneidet	sie.
Die Kartoffeln	werden	gekocht.	Er	kocht	die Kartoffeln.
Sie	werden	gepreßt.	Er	preßt	sie.

Passiv:

Verb im PASSIV

NOMINATIV-ERGÄNZUNG

Die Kartoffel | wird geschält.

A K T I O N

Aktiv:

Verb im AKTIV

NOMINATIV-ERGÄNZUNG | AKKUSATIV-ERGÄNZUNG

Der Koch | schält | die Kartoffel.

AKTEUR | A K T I O N

Ü3

6 Passiv mit „Agens"-Nennung (selten) → 13B3

Die	Kartoffel	wird	**vom** (= **von** dem) Koch	geschält.
Das	Essen	wird	**vom** (= **von** dem) Ober	serviert.
Die	Wörter	werden	**von** der Lehrerin	erklärt.
			AKTEUR/AKTEURIN („Agens")	

Ü4

Aktiv mit Indefinitpronomen → 13B1 7

Der Küchenchef erklärt:

Wie	bereitet	man Kartoffelpüree?
Man	schält	die Kartoffel.
Man	schneidet	sie in kleine Stücke.
Man	kocht	die Kartoffeln in Salzwasser.
Man	preßt	sie durch eine Kartoffelpresse.
Man	gießt	heiße Milch über die Kartoffeln.

? ?
? **Man** ?
? ?

Ü4

Passiv bei Modalverben → 9B3 8

Der Kopierer	muß	zuerst	eingeschaltet	werden.
Der Kontrast	kann	mit dem Regler	eingestellt	werden.
Der Belichtungsregler	muß	nach rechts	geschoben	werden.
Die Vorlagen	müssen	auf die Glasplatte	gelegt	werden.
Die Kopien	können	jetzt	gemacht	werden.

Vollverb im
INFINITIV PASSIV

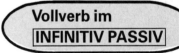

PARTIZIP II + werden

Ü5

Passiv im Nebensatz → 9B4.2, 13B1, 13B6 9

Wir achten darauf,	**daß** das Püree langsam	erwärmt	**wird**.	
Es ist wichtig,	**daß** die Garzeit nicht	überschritten	**wird**.	
Auf der Packung steht,	**daß** das Püree beliebig	variiert	werden	**kann**.
Der Koch sagt,	**daß** die Milch leicht	gesalzen	werden	**kann**.

PARTIZIP II + werd- + MODALVERB

Ü6

10 Aufforderungen

①

Anleitung

Aussagesatz (Aktiv)

Ich schalte den Kopierer ein.
Jetzt betätige ich die grüne Taste.
Wir wählen eine feste Kartoffel.
Wir stellen ein zweites Gefäß auf.
Man schält die Kartoffeln.

Du kommst jetzt (sofort) her!
Ihr lernt das auswendig!

Befehl

②

Aussagesatz (Passiv)

Die Kartoffel wird geschält.
Sie wird in kleine Stücke geschnitten.
Die Kartoffeln werden gekocht.
Sie werden gepreßt.
Heiße Milch wird über die Kartoffeln gegossen.

Erklärung/Anleitung

③

Tadel

Fragesatz

Kannst du nicht hören!?
Könnt ihr das nicht verstehen!?
Hast du mich (nicht) verstanden!?
Wann bist du endlich fertig!?
Warum dauert das so lange!?

Gibst Du mir (bitte) mal Feuer?
Hilfst Du mir (bitte)?

Bitte

④

Höfliche Bitte

Konjunktiv (im Fragesatz)

Würden Sie mir bitte Feuer geben?
Würdest du mich bitte mitnehmen?
Könntest du mal eben kommen?
Könnten Sie mir das erklären?

Sie sollten auf jeden Fall die verkehrsreichen Tage meiden.
Du solltest einmal zum Arzt gehen.

⑤

Infinitiv

½ Liter Wasser mit Salz aufkochen.
Topf von der Kochstelle nehmen.
¼ Liter kalte Milch zugeben.
Püreeflocken kurz einrühren.
Püree noch einmal durchrühren (nicht schlagen).

Anleitung

⑥

Befehl

Imperativ

Faß das nicht an!
Sitz ruhig!
Nimm das nicht in den Mund!
Stell das sofort wieder weg!
Paß auf!

Zeichnen Sie vier Quadrate!
Schneiden Sie bitte die Figur aus!

Anleitung/Anweisung

Ü 1 Formulieren Sie Ihre Wünsche bitte:
a) als Befehl (mit dem Imperativ), b) als Bitte (mit dem Konjunktiv mit „würd-")

Beispiel: Ihr(e) Partner(in) soll das Fenster zumachen.
a) Mach das Fenster zu! b) Würdest du/Würden Sie bitte das Fenster zumachen?

Aufgabe: Ihr(e) Partner(in) soll 1. den Satz noch einmal wiederholen. 2. etwas ruhiger sein. 3. Ihnen seinen/ihren Bleistift geben. 4. Sie anrufen. 5. Brötchen mitbringen. 6. Sie in seinem/ihrem Auto mitnehmen. 7. Ihnen etwas zu trinken geben. 8. Sie vom Bahnhof abholen. 9. Ihnen den Weg zu seiner/ihrer Wohnung erklären. 10. die Rechnung bestellen. 11. ein Taxi rufen. 12. die Hotelrechnung bezahlen.

Ü 2 Erklären Sie bitte: Wie wird das gemacht?

Beispiel: Vier Quadrate auf die Pappe zeichnen.
Vier Quadrate werden auf die Pappe gezeichnet.

Aufgabe: 1. je ein Quadrat über und unter das dritte Quadrat von links zeichnen 2. auf diese beiden Quadrate einen blauen Kreis malen 3. die ganze Figur ausschneiden 4. die Quadrate zu einem Würfel zusammenfalten und zusammenkleben 5. ½ l Wasser mit ½ Kaffeelöffel Salz aufkochen 6. Topf von der Kochstelle nehmen 7. ¼ l kalte Milch und ein Stück Butter zugeben 8. Püreeflocken kurz einrühren 9. nach einer Minute das Püree noch einmal durchschlagen

Ü 3 Erklären Sie bitte:
a) Wie machen wir das? (AKTIV); b) Wie wird das gemacht? (PASSIV)

Beispiel: zunächst eine festkochende Kartoffel wählen
a) Zunächst wählen wir eine festkochende Kartoffel. b) Zunächst wird eine festkochende Kartoffel gewählt.

Aufgabe: 1. zuerst die Kartoffeln schälen 2. die Kartoffeln in kleine Stücke schneiden 3. die Kartoffeln in Salzwaser kochen 4. ein anderes Gefäß mit frischer Milch aufsetzen 5. die Milch mit einem guten Stück Butter „versetzen" 6. etwas Muskatnuß in diese Milch reiben 7. die Milch leicht salzen 8. das Kochwasser der Kartoffeln abgießen 9. die Kartoffeln durch die Kartoffelpresse pressen 10. heiße Milch über die gepreßten Kartoffeln gießen 11. die Milch mit einem Schneebesen unter die Kartoffeln unterrühren 12. zum Schluß das Püree mit dem Schneebesen richtig durchschlagen 13. wenn es nötig ist, noch etwas Milch nachgeben 14. so Kartoffelpüree bereiten

Ü 4 Erklären Sie bitte:

Dr. Oetker Gala Pudding-Pulver

1. Von ½ Liter kalter Milch 4 Eßl. abnehmen und damit das Pudding-Pulver und 2–3 gehäufte Eßl. Zucker anrühren.
2. Die übrige Milch zum Kochen bringen.
3. Die Milche von der Kochstelle nehmen, das angerührte Pudding-Pulver hineingeben und unter Rühren kurz aufkochen lassen.
4. Den Pudding in Gläser oder in eine Glasschale füllen und kalt stellen.

Dr. August Oetker

a) Wie macht man das?

b) Wie haben Sie das gemacht?

Beispiel:
a) Zuerst **nimmt man** von einem ½ Liter kalter Milch 4 Eßlöffel **ab**; dann .....
b) Zuerst **habe ich** von ½ Liter kalter Milch 4 Eßlöffel **abgenommen**; dann .....

Ü 5 Was kann/muß gemacht werden?
Erklären Sie bitte →13A5

Der Kopiervorgang	mit der orangefarbenen Taste
Der Kopierer	mit dem Regler
Der Kontrast	zuerst
Der Belichtungsregler	nach rechts
Die Vorlagen	jetzt
Die Kopien	auf die Glasplatte
Die Bedienungsanleitung	sorgfältig
Die Kopienzahl	mit den blauen Tasten

beachten – einschalten – einstellen – eintippen – legen – machen – schieben – stoppen

Beispiel: Die Bedienungsanleitung **muß** sorgfältig **beachtet werden.**

Ü 6 Ergänzen Sie bitte den folgenden Lückentext (PASSIV-FORMEN mit/ohne Modalverben)

Für ein gutes Püree ist es wichtig, daß gute Zutaten __ __. Zuerst __ die Kartoffeln __ __. Dann __ sie in kleine Stücke __ __, damit die Garzeit nicht __ __. Die Kartoffeln __ in Salzwasser __. Gleichzeitig __ ein 2. Gefäß mit frischer Milch __, die auch leicht __ __ __. Wenn die Kartoffeln gar sind, __ das Kochwasser __ __. Danach __ die Kartoffeln durch eine Kartoffelpresse __ __. Jetzt __ die heiße Milch über die gepreßten Kartoffeln __ __. Die Milch __ dann mit einem Schneebesen unter die Kartoffeln __; dabei ist es wichtig, daß die ganze Masse kräftig __ __, damit eine schöne Konsistenz __ __. Das fertige Püree __ als Beilage zu vielen Gerichten __ __.

wählen – schälen – schneiden – überschreiten – kochen – aufsetzen – salzen – abgießen – pressen – gießen – unterrühren – schlagen – erreichen – servieren

1 Die Schönheit des menschlichen Körpers
oder: die Komparation im Deutschen

○ Die beiden Sieger! Bravo!
● Ist sie nicht wunderschön?
○ Ja, aber er ist Spitzenklasse! Schau mal, die Beine: sagenhaft!
● Die sind doch viel zu dick! Der ganze Mann ist zu dick und schwer. Und der Kopf ist viel zu klein!
○ Der ist genau richtig. Er muß dick sein! Er ist ja doppelt so groß wie sie.
● Setz deine Brille auf! Er ist höchstens einen Kopf größer als sie.
○ Anderthalb! – Und sein Pokal ist auch viel größer und schöner.
● Mensch, Rocko, die Pokale sind doch gleich groß!
○ Na gut, sie sind beide schön, er und sie. Die schönsten Menschen in Europa. Bravo! Bravo!!! – Wie findest du mich eigentlich?
● Dich, Rocko??? Du meinst – deine Figur? Na ja, du hast schöne kurze, dicke Beine .....
○ Hoffentlich krieg ich auch mal einen Pokal dafür!

Deutsche Muskelfrau holte den Titel

23jährige Freiburgerin Monika Steiner wurde in Hamburg Europameisterin der Body-Builder

Die 23jährige Freiburgerin Monika Steiner(rechts) gewann bei den Europameisterschaften der Body-Builder am
Samstagabend in Hamburg den Titel. Sie konnte sich bei der Muskelschau vor Mary Zengerling aus den
Niederlanden behaupten. Amateur-Europameister der Männer wurde der Brite Owen Neal (links), der sich im
Stechen gegen Harald Merzenich (Düsseldorf) und seinen Landsmann Ramsford Smith durchsetzte. Bei den
Profi-Body-Buildern siegte Bill Richardson, der für seinen Erfolg ein Preisgeld von knapp 10 000 Mark erhielt.

Ü1 Europameisterschaften im Body-Building

B1

	Damen (Amateure)	Herren (Amateure)	Herren (Profis)
1.	Monika Steiner (D)		
2.			
3.			

ROCKISSIMA, ROCKISSIMO

2

Rocka ist Miss Universum: Sie ist das schönste Mädchen, das es im ganzen Universum gibt. Keine andere Frau ist so schön wie sie. Sie hat die längste Nase, eine Nase, die viel länger ist als jede andere Nase und mit der sie viel besser riechen kann als jede andere Frau.
Sie hat auch die größten Augen – Augen, mit denen sie besser sehen kann als irgendein Mensch und mit denen sie sogar nach hinten sehen kann.
Und dann ihre Arme! Sie sind viel dünner als Menschenarme, fast so dünn wie Bleistifte. Ihr Bauch aber ist dick, deshalb ist Rocka fast so dick wie groß.
Und dann ihre wunderbar kurzen Beine, die kürzer sind als alle Menschenbeine! Schön sind auch ihre Füße, die fast so lang (oder so kurz?) sind wie ihre Beine.
Das beste aber ist ihre Hautfarbe, die so wunderbar blau ist, noch blauer als der Himmel. Nun sagen Sie selbst: Kennen Sie eine Frau, die so tiefblau ist? Das also ist Rocka, die Rocko liebt (und umgekehrt).

Denn auch Rocko gibt es nur einmal!
Niemand kann langsamer laufen als er, niemand kann kleinere Sprünge machen als er, niemand hat so wenig Kraft wie er.
Rocko kann am längsten nichts tun und weniger arbeiten als alle anderen. Schließlich kennt er die langweiligsten Geschichten, bei denen man wunderbar schlafen kann.
Am besten aber findet Rocka, daß niemand weniger Geld hat als Rocko und daß niemand so schön blau ist wie er. Rocko ist der schwächste, faulste, ärmste und blauste von allen. Und das findet Rocka wunderbar!

Nun sagen Sie selbst: Kennen Sie einen Mann, der so schwach, so faul, so arm und so blau ist?

B1–2

Ü2 **Vergleichen Sie**

- **die Körperteile**
- **die Größe**
- **das Gewicht**
- **die Geschwindigkeit/das Tempo**
- **das Aussehen/die Schönheit**
- **das Alter**
- **den Charakter**
- **die Stärke/Kraft**

dieser Tiere miteinander:

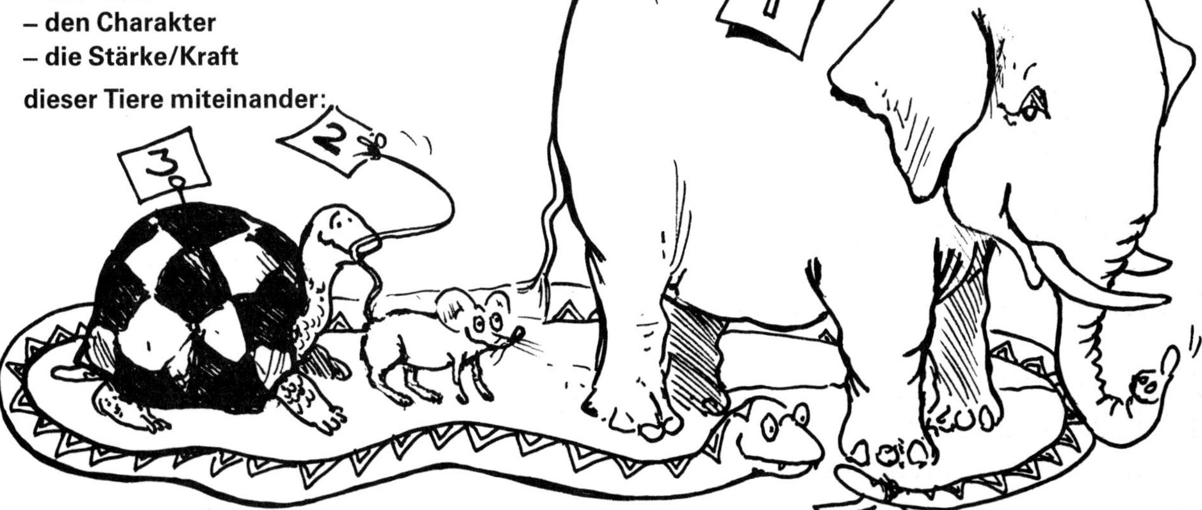

3 Deutschsprachige Länder

Ü3 – **Vergleichen Sie diese vier Länder:**
– **Suchen Sie Superlative, z. B.:**
„Die Schweizer werden am ältesten."
(Lebenserwartung 79 Jahre!)

Bundesrepublik Deutschland
Fläche: 248.678 km² (mit Berlin-W.)
Jahresdurchschnittstemperatur:
Freiburg: 10,3°; Oberstdorf: 6,1°
Einwohner: 61.049.200 = 245,5 je km²
Städtische Bevölkerung: 85 %
Lebenserwartung: 73 Jahre
Analphabeten: 1 %
Jährl. Bev.-Wachstum: 0,1 %
Bevölkerung: Deutsche, 30.000 Dänen in Schleswig, 30.000 Sinti u. Roma, 4.501.000 Ausländer (Türken, Italiener, Jugoslawen, Spanier, Griechen u. a.)
Staatssprache: Deutsch
Religion: 43 % Protestanten, 43,3 % Römische Katholiken, 2,8 % Mohammedaner
Hauptstadt: Bonn (289.688 Einw.)

Schweiz
Fläche: 41.293 km²
Einwohner: 6.455.600 = 156,3 je km²; Städt. Bevölkerung: 69 %; Lebenserwartung: 79 Jahre; Analphabeten: 1 %; Jährl. Bev.-Wachstum: 0,1 %
Bevölkerung: 5.502.194 Schweizer, 953.406 Ausländer (Italiener, Spanier, Deutsche, Jugoslawen, Türken, Franzosen u. a.). Staatssprachen: Amtssprachen Deutsch, Französisch, Italienisch; Rätoromanisch als Landessprache anerkannt. Ca. 3.865.000 Schweizer sprechen Deutsch, 1.045.000 Französisch, 207.500 Italienisch, 49.500 Rätoromanisch.
Religion: 44,3 % Protestanten, 47,6 % Römische Katholiken, 3 % Christkatholiken, 3 % Juden
Hauptstadt: Bern (142.100 Einw.)

Ü4 Schreiben Sie eine Statistik für *Ihr* Land.

B2

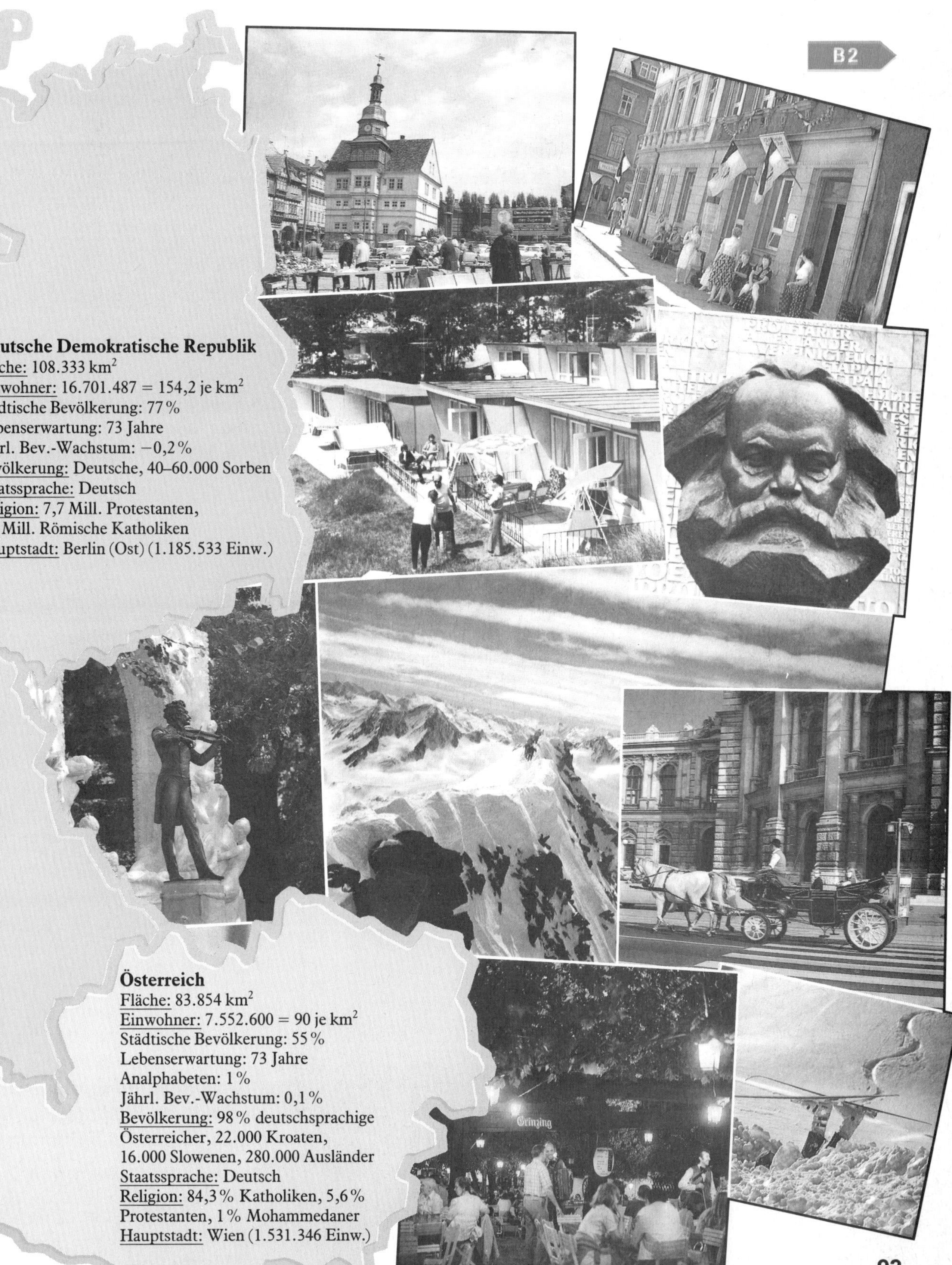

Deutsche Demokratische Republik
Fläche: 108.333 km²
Einwohner: 16.701.487 = 154,2 je km²
Städtische Bevölkerung: 77 %
Lebenserwartung: 73 Jahre
Jährl. Bev.-Wachstum: −0,2 %
Bevölkerung: Deutsche, 40–60.000 Sorben
Staatssprache: Deutsch
Religion: 7,7 Mill. Protestanten, 1,2 Mill. Römische Katholiken
Hauptstadt: Berlin (Ost) (1.185.533 Einw.)

Österreich
Fläche: 83.854 km²
Einwohner: 7.552.600 = 90 je km²
Städtische Bevölkerung: 55 %
Lebenserwartung: 73 Jahre
Analphabeten: 1 %
Jährl. Bev.-Wachstum: 0,1 %
Bevölkerung: 98 % deutschsprachige Österreicher, 22.000 Kroaten, 16.000 Slowenen, 280.000 Ausländer
Staatssprache: Deutsch
Religion: 84,3 % Katholiken, 5,6 % Protestanten, 1 % Mohammedaner
Hauptstadt: Wien (1.531.346 Einw.)

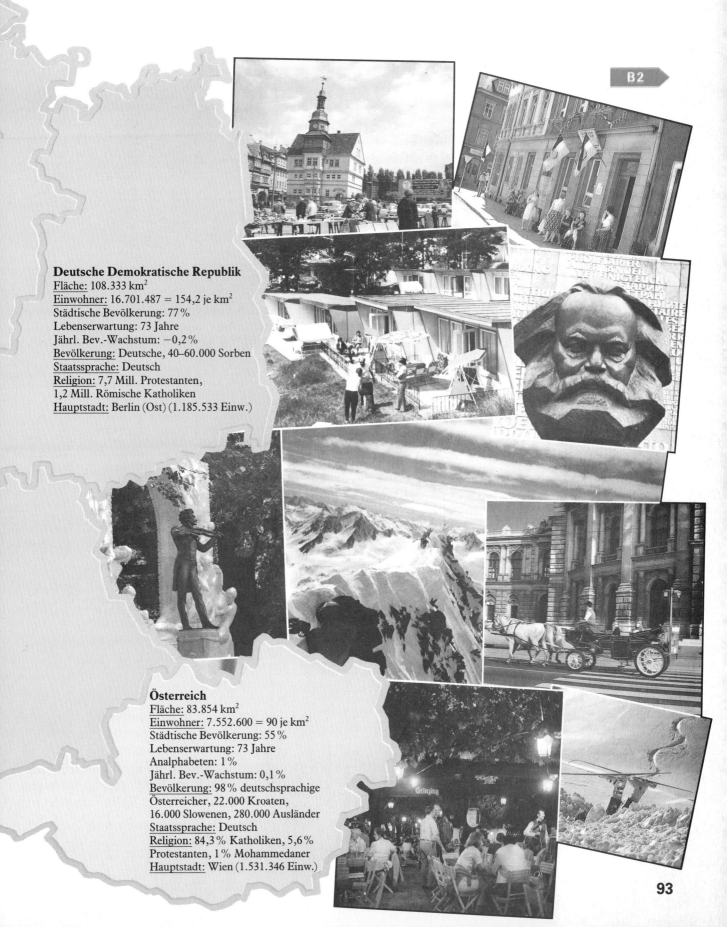

4

Wie sind die Deutschen?

Vor allem sehr verschieden! Lustig und ernst, dumm und intelligent, sensibel und plump, nüchtern und phantasievoll, faul und fleißig, höflich und frech, konservativ und progressiv, interessant und langweilig. Also, wie sind sie?
Bei einem Vortrag auf dem Deutschlehrerkongreß in Lissabon 1987 schrieb der Referent an die Tafel:

Der Deutsche	...	nicht, er	...	sich.

und bat seine Zuhörer, ihm passende Verben zu diktieren. Die nannten folgende Beispiele:

	schimpft		ärgert
	weint		schämt
	glaubt		wundert
	ißt		ernährt
	duscht		kratzt
	genießt		plagt

Ü5 **Was meinen Sie:**
Waren das nur grammatisch korrekte Sätze, oder waren das auch Meinungen über die Deutschen? Können *Sie* noch einige passende Verben finden?

B3

5 Es folgen 5 Texte über die Bundesrepublik und die Deutschen. Bearbeiten Sie die Texte in Arbeitsgruppen.

a **Ü6**
- **Bevor Sie Text a) lesen: Welche deutschen Vornamen kennen Sie? Schreiben Sie eine Liste.**
- **Katharina und Christian sind „Nummer eins": Sie waren 1986 die häufigsten Vornamen für neugeborene Kinder. Wer hat diese Umfrage gemacht?**
- **Schreiben Sie Listen der beliebtesten Vornamen für Mädchen bzw. für Jungen an die Tafel / auf ein Plakat.**
- **Wie klingen diese Namen?**
- **Warum ist Christian ein ganz besonderer Vorname?**
- **Geben Sie Ihren Mitschülern deutsche Vornamen!**

Katharina verdrängt Stefanie
Christian bleibt Nummer eins

Wiesbaden (dpa)
Christian und Katharina sind 1986 von Eltern in der Bundesrepublik am häufigsten als Vornamen ihrer Kinder gewählt worden. Wie die Gesellschaft für deutsche Sprache in Wiesbaden als Ergebnis ihrer jährlichen Umfrage mitteilte, steht damit Christian im zehnten Jahr ununterbrochen auf der Liste der beliebtesten Vornamen an erster Stelle, diesmal vor Daniel und Sebastian. Bei den Mädchen verdrängte Katharina den auf Platz sechs abgerutschten Namen Stefanie und behauptet sich vor Christina (-e) und Jennifer. Die beliebtesten Vornamen 1986 (in Klammer die Position des Vorjahres) waren bei den Buben: 1. Christian (1), 2. Daniel (3), 3. Sebastian (2), 4. Michael (4), 5. Alexander (5), 6. Stefan (6), 7. Dennis (9), 8. Patrick (–), 9. Tobias (–) und 10. Philipp (7). Bei den Mädchen: 1. Katharina (2), Christina (-e) (4), 3. Jennifer (6), 4. Sara (h) (7), 5. Julia (3), 6. Stefanie (1), 7. Nadine (–), 8. Anna (-e) (5), 9. Kat(h)rin (8) und 10. Sabrina (10).

b

Ordnungsliebe und Fleiß
bleiben die Haupterziehungsziele

Bonn (dpa)
Ordnungsliebe und Fleiß sind für fast die Hälfte der Bundesbürger auch heute noch die wichtigsten Erziehungsziele. 49 Prozent von 2700 Deutschen, die das Institut für Angewandte Sozialwissenschaft (INFAS) in diesem Jahr befragte, nannten diese beiden Eigenschaften an erster Stelle. Fast ebensoviele Bundesbürger, 46 Prozent, gaben der Erziehung zu Selbständigkeit und freiem Willen Vorrang. Folgsamkeit und Anpassung waren für 24 Prozent die idealen Eigenschaften.

Ü7
- **Was sind Haupt/erziehung/s/ziele? Wer bestimmt diese Ziele wohl?**
- **In diesem Artikel sind Substantive mit der Endung -ung, z. B. Ordnung (aus ordnen), und -heit/-keit, z. B. Selbständigkeit (aus selbständig). Suchen Sie weitere Substantive mit diesen Endungen im Text und andere, die Sie kennen. Aus welchen Verben/Adjektiven sind sie gebildet?**

Ü8
- **Schreiben Sie die Statistik: „49%: Fleiß ..."**
- **Machen Sie eine Umfrage in Ihrem Kurs. Formulieren Sie die Frage(n) vorher.**

ren mit der Arbeit der Polizei zufrieden.

Bundesrepublik an zweiter Stelle der Einbruchsstatistik

Paris (dpa)

Die Bundesrepublik liegt an zweiter Stelle der internationalen Einbruchsstatistik. Wie das französische Informations- und Dokumumentationszentrum der Versicherungen mitteilte, werden in der Bundesrepublik jährlich im Durchschnitt 16 Einbrüche pro 100 000 Einwohner begangen. Nur Großbritannien liegt nach der Übersicht mit 18 Einbrüchen pro 100 000 Einwohner noch darüber. Frankreich lag mit einer Quote von acht Einbrüchen noch hinter den USA (13), aber vor Japan (3). Bei der Berechnung wurden sämtliche Einbrüche und Diebstähle in Wohnungen, Häuser, Geschäfte oder Ämter berücksichtigt.

100 Tote durch Hochwasser

c

Ü9 **Was bedeuten die Wortzusammensetzungen:**
Einbruch/s/statistik
Dokumentation/s/zentrum?

Ü10 **Machen Sie aus dem Text eine Statistik:**

Land	jährlich Einbrüche/Einwohner
1.	
2. Bundesrepublik	16 / 100.000
3.	
4.	
5.	

d

Ü11 – **Welche Qualitäten hat für Sie „ein sympathischer Mensch"? Sammeln Sie bitte:**

– **Finden Sie einige dieser Qualitäten in dem folgenden Artikel?**

Nur ein Ausländer entdeckte bei den Deutschen Humor

Deutsche sind vor allem fleißig, ordentlich, diszipliniert und genau, doch selten spontan, offen und herzlich. Dieses Meinungsbild hat eine Auswertung der Alexander-von-Humboldt-Stiftung ergeben, die die Erfahrungen von 300 ausländischen Wissenschaftlern zusammenfaßt, die ein Jahr oder länger in der Bundesrepublik Deutschland gelebt haben. Überwiegend wird das Verhalten der Deutschen gegenüber Ausländern als freundlich, höflich oder hilfsbereit bezeichnet. Doch 20 Prozent der Aussagen sind negativ.

Die Gäste stellten bei den Deutschen Fleiß, Disziplin, Ordnung, Zuverlässigkeit, Genauigkeit und Sparsamkeit fest, aber sie vermißten Phantasie, Flexibilität und Risikofreudigkeit. Sie nannten die Deutschen „ernst, reserviert, verschlossen, unpersönlich, kühl". Die meisten fanden es schwierig, freundschaftliche engere Kontakte mit Deutschen herzustellen.

Ü12 – **Unterstreichen Sie alle genannten Eigenschaften („ordentlich", „Phantasie" usw.)**

– **Sortieren Sie nach:**

vorhanden (+)	nicht oder selten vorhanden (–)
fleißig ...	spontan ...

– **Wer hat „die Deutschen" so beschrieben? Vergleichen Sie mit Ihren eigenen Erfahrungen.**
– **Können Sie sich und Ihre Landsleute beschreiben?**
– **Finden Sie es wichtig, „sympathisch" zu sein?**

e **Ü 13**

– **Sagen Sie „du“ oder „Sie“ zu Ihren Mitschülern im Deutschkurs? Warum „du“ – warum „Sie“?**
– **Gibt es in Ihrer Sprache einen Unterschied in der Anrede: „du“/„Sie“?**
– **Zu wem sagen Sie in Ihrer Sprache „du“, zu wem „Sie“?**
– **Wer „duzt“ sich jetzt häufiger als früher in der Bundesrepublik? Lesen Sie im folgenden Text nach.**

Das Duzen wird immer beliebter

Stuttgart (AZ) – **„Sagen wir ‚Du‘ zueinander?“ Unter den Deutschen wird dieser Satz immer beliebter; immer mehr Menschen gehen vom steifen „Sie“ zum vertrauteren „Du“ über.**

Der Tübinger Kulturwissenschaftler Hermann Bausinger, der dieses „Phänomen“ untersuchte, kam zu interessanten Ergebnissen: So empfinden die Studenten beispielsweise das „Du“ als Zeichen der Solidarität.

Mehr geduzt wird vor allem am Arbeitsplatz. Selbst in den Lehrerzimmern, in denen früher stets gesiezt wurde, herrscht heute das „Du“ vor.

Nur die älteren Lehrkräfte sind oftmals noch „Du-Muffel“.

Lehrer, die überdies zugelassen haben, von ihren Schülern geduzt zu werden, ernteten zwar kaum Protest von den Eltern, um so mehr aber von den Schulämtern.

Nach Ansicht der Wissenschaftler bauen sich jüngere Menschen heute mit dem „Du“ schneller zwischenmenschliche Brücken: „So können wir leichter und besser miteinander umgehen“, bekamen die Wissenschaftler oft zu hören.

Ü 14

– **Warum sagen Studenten und jüngere Leute „du“ zueinander?**
– **Wie klingt für Sie „du“ – wie klingt „Sie“?**
– **Sie möchten zu einem Deutschen gerne „du“ sagen. Wie fragen Sie, was sagen Sie?**

6

Vor einer Reihe von Jahren machte DER SPIEGEL in Frankreich und in der Bundesrepublik eine Umfrage.

Er fragte die Franzosen:
1. Wie sind die Franzosen?
2. Wie sind die Deutschen?

Und er fragte die Deutschen:
1. Wie sind die Deutschen?
2. Wie sind die Franzosen?

In einer Tabelle mit 14 verschiedenen Qualitäten und ihrem jeweiligen Gegenteil („fleißig – faul") sollten die Menschen ankreuzen, wie sie das andere Volk finden und was sie über sich selbst denken.

Franzosen über Deutsche: mutig und fleißig

Die Eigenschaften erst der Deutschen und dann des eigenen Volkes sollten die Franzosen in der SPIEGEL-Umfrage anhand von 14 Gegensatz-Paaren und einer Skala mit sieben Punkten angeben. Die Anweisung im Fragebogen: „Bitte kreuzen Sie an, wie sehr jede Eigenschaft Ihrer Ansicht nach auf die Deutschen zutrifft. Je mehr Sie Ihr Kreuz nach rechts setzen, desto mehr trifft die rechte Eigenschaft zu. Je mehr Sie Ihr Kreuz nach links setzen, desto mehr trifft die linke Eigenschaft zu."

Es ergaben sich als Mittelwerte:

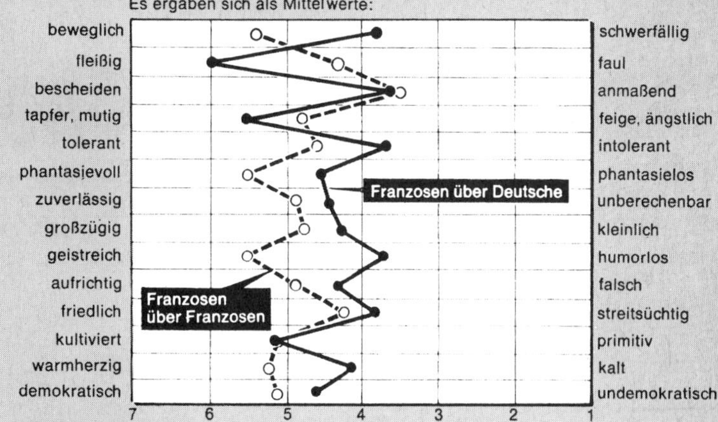

Deutsche über Franzosen: nicht besser als wir

Wie die Franzosen wurden in der Parallel-Umfrage in der Bundesrepublik auch die Deutschen um ihr Urteil über die Eigenschaften des eigenen und des Nachbarvolkes gebeten. Die Mittelwerte:

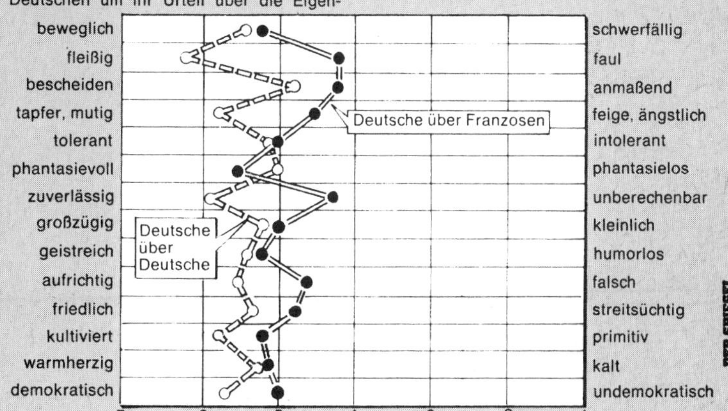

Ü 15 – **Was denken und sagen Franzosen über Deutsche und über sich selbst?**
– **Wie ist die Meinung der Deutschen über die Franzosen und über sich selbst?**

Ü 16 – **Was denken *Sie* über solche Umfragen?**
– **Wie sind die Deutschen? Wie ist *Ihre* Meinung?**
– **Wie denken die Menschen in *Ihrem* Land über sich selbst?**

7

Forscher: Waschen und Kochen immer noch Frauensache

Bonn (AP)

"<u>Frauen/sache</u>": Sachen/Aufgaben, die Frauen machen

"<u>Waschen und Kochen</u>" - und welche Aufgaben noch? Was glauben Sie?

Kochen und Waschen sind auch bei jungen Ehepaaren in der Bundesrepublik immer noch die Domäne der Frauen. Zu diesem Ergebnis kommt eine an der Universität Oldenburg erstellte Forschungsarbeit, die der AID-Verbraucherdienst in Bonn veröffentlichte. Grundlage der Untersuchung waren Interviews mit 667 Ehepaaren, die in den Jahren 1950, 1970 und 1980 geheiratet hatten. Danach war in 92,0 Prozent der <u>Ehepaare des Jahrgangs 1980</u> das Waschen ausschließlich Aufgabe der Frau. Auch bei anderen Aufgaben lag die Hauptlast beim weiblichen Geschlecht: Staubwischen zu 80,2 Prozent, Kochen zu 75,3 Prozent und Frühstück zubereiten zu 74,4 Prozent. Als Hauptaufgabe des Mannes wurden das Autowaschen (65,6 Prozent), Reparaturen in der Wohnung (92,98 Prozent) und die Leerung des Mülleimers (37,0 Prozent) angesehen. Die Kinder werden dagegen meist abwechselnd von Vater und Mutter zu Bett gebracht. Die Forscher stellten ferner fest, daß sich auch bei jungen Ehepaaren die Männer nach der Geburt des ersten Kindes aus dem Haushalt zurückziehen.

Ehepaare Jahrgang 1980

FRAUEN:

Waschen	100 %	....	.....%
....	80,2%	....	.....%

MÄNNER:

Autowaschen	65,6%	....	.....
....	92,98%		

FRAUEN UND MÄNNER:

Kinder zu Bett bringen

Ü 17 **Was machen Sie lieber?**

Geschirr spülen Wäsche waschen und trocknen Wohnung saubermachen Kochen Kindern bei Schulaufgaben helfen Steuererklärung ausfüllen	oder	Geschirr abtrocknen bügeln einkaufen auf Kinder aufpassen Auto putzen Briefe schreiben .....

Ü 18 – **Fragen Sie weiter: Was tust du / tun Sie lieber?**
– **Was tun Sie am liebsten zu Hause?**

8

Johann Peter Hebel

Seltsamer Spazierritt

Ein Mann reitet auf seinem Esel nach Haus und läßt seinen Buben zu Fuß nebenher laufen.
Kommt ein Wanderer und sagt: „Das ist nicht recht, Vater, daß Ihr reitet und laßt Euern Sohn laufen; Ihr habt stärkere Glieder.“
Da stieg der Vater vom Esel herab und ließ den Sohn reiten.
Kommt wieder ein Wandersmann und sagt:

- Wie geht diese Geschichte weiter? Haben Sie eine Idee? Überlegen Sie, diskutieren Sie, notieren Sie!
- Lesen Sie dann weiter und vergleichen Sie Ihre Überlegungen mit dem Text!

„Das ist nicht recht, Bursche, daß du reitest und lässest deinen Vater zu Fuß gehen. Du hast jüngere Beine.“
Da saßen beide auf und ritten eine Strecke.
Kommt ein dritter Wandersmann und sagt: „Was ist das für ein Unverstand, zwei Kerle auf einem schwachen Tiere? Sollte man nicht einen Stock nehmen und euch beide hinabjagen?“
Da stiegen beide ab und gingen selbdritt zu Fuß, rechts und links der Vater und der Sohn und in der Mitte der Esel.
Kommt ein vierter Wandersmann und sagt: „Ihr seid drei kuriose Gesellen. Ist's nicht genug, wenn zwei zu Fuß gehen? Geht's nicht leichter, wenn einer von euch reitet?“
Da band der Vater dem Esel die vorderen Beine zusammen, und der Sohn band ihm die hintern Beine zusammen, zogen einen starken Baumpfahl durch, der an der Straße stand, und trugen den Esel auf der Achsel heim.
So weit kann's kommen, wenn man es allen Leuten will recht machen.

Z. 1 *Bub:* Junge, Sohn
Z. 3 *Das ist nicht recht, daß Ihr reitet und laßt Euren Sohn laufen: .....,* daß Ihr reitet und Euern Sohn laufen laßt.
Z. 7 *lässest:* (alt für) läßt
Z. 13 *selbdritt:* (alt für) zu dritt, alle drei zusammen
Z. 15 *kurios:* komisch
Z. 22 *wenn man es allen Leuten will recht machen:* wenn man es allen Leuten recht machen will.

B4

Ü 19 – **Wie viele Teile (Stationen) hat die Geschichte?**
– **Wie viele Wanderer kommen? Was sagen sie? Unterstreichen Sie die Argumente.**
– **Erzählen Sie die Geschichte.**
– **Können Sie eine ähnliche Geschichte erzählen/schreiben?**

1 Die Graduierung des Adjektivs: Formen

① Regelmäßig

POSITIV	langsam	klein	schön	
KOMPARATIV	langsam- er	klein- er	schön- er	-er
SUPERLATIV	der / das / die } langsam- st- e	der / das / die } klein- st- e	der / das / die } schön- st- e	-st
	am langsam- st- en	am klein- st- en	am schön- st- en	-st

② Mit Umlaut

POSITIV	stark	groß	jung	
KOMPARATIV	stärk- er	größ- er	jüng- er	-er
SUPERLATIV	der / das / die } stärk- st- e	der / das / die } größ- t- e	der / das / die } jüng- st- e	-st
	am stärk- st- en	am größ- t- en	am jüng- st- en	-st

UMLAUT

③ Mit Umlaut und dentalem Stammauslaut

POSITIV	alt	kurz	
KOMPARATIV	ält- er	kürz- er	-er
SUPERLATIV	der / das / die } ält- est- e	der / das / die } kürz- est- e	-est
	am ält- est- en	am kürz- est- en	-est

④ **Unregelmäßig**

POSITIV	gut	viel	gern(e)
KOMPARATIV	besser	mehr	lieber
SUPERLATIV	der / das / die } beste	der / das / die } meiste	der / das / die } liebste
	am besten	am meisten	am liebsten

Ü1

Der Vergleich (1)

2

1. Rocka hat (genau)so große Füße wie Rocko.
   Sie hat einen (genau)so großen Pokal wie er.

2. Rocko ist (genau)so blau wie Rocka.
   Er ist (genau)so schön wie sie.

3. Rocka kann (genau)so schön singen wie Rocko.
   Sie freut sich (genau)so sehr wie er.

.....(genau)so **POSITIV** → **wie**.....

Ü2

Der Vergleich (2)

1. Die Bundesrepublik hat mehr Einwohner als die DDR.
   Die Schweiz hat weniger Einwohner als Österreich.

2. Österreich ist größer als die Schweiz.
   Die DDR ist kleiner als die Bundesrepublik.

3. In der Schweiz wächst die Bevölkerung schneller als in der DDR.
   In der DDR wächst die Bevölkerung langsamer als in Österreich.

..... **KOMPARATIV** → **als**.....

Ü3

Der Vergleich (3)

1. Rocka ist	das	schönste	Mädchen	(**von allen**).	
	das	**aller**schönste	Mädchen.		
Sie hat	die	längste	Nase	(**von allen**).	
		allerlängste	Nase.		
2. Rocka ist	die	schönste		(**von allen**).	
	die	**aller**schönste.			
	am	schönsten		(**von allen**).	
	am	**aller**schönsten.			
3. Rocko kann	am	längsten		(**von allen**)	nichts tun.
	am	**aller**längsten			nichts tun.

SUPERLATIV

Ü4

Der Vergleich (4): Besonderheiten

1. Wer hat die bessere Figur (von den beiden)?
   Mir gefällt die jüngere besonders gut.

   KOMPARATIV (**ohne „als"**)

2. Der Mann ist (viel) **zu** dick.
   Er hat einen (viel) **zu** dicken Kopf.

   zu POSITIV

3. junge Menschen: circa 15–30 Jahre
   jüngere Menschen (= ziemlich junge Menschen): ca. 30–45 Jahre
   ältere Menschen (= ziemlich alte Menschen): ca. 45–65 Jahre
   alte Menschen): circa 65–X Jahre

KOMPARATIV (**ohne „als"**)

Reflexive Verben (mit Reflexivpronomen) 3

„Der Deutsche schimpft nicht, er ärgert **sich**."
„Der Deutsche weint nicht, er schämt **sich**."
„Die Deutschen essen nicht, sie ernähren **sich**."
„Die Deutschen genießen nicht, sie plagen **sich**."

Infinitiv	sich ärgern		
Singular			
1. Person	ich ärgere	mich	→ = **Personalpronomen** (→ **8B1**)
2. Person	du ärgerst	dich	
	Sie ärgern	**sich**	⚠
3. Person	er / sie / es ärgert	**sich**	⚠
Plural			
1. Person	wir ärgern	uns	→ = **Personalpronomen** (→ **8B1**)
2. Person	ihr ärgert	euch	
	Sie ärgern	**sich**	⚠
3. Person	sie ärgern	**sich**	

Ebenso: sich freuen, sich schämen, sich ernähren, sich plagen...

Das Verb und die Ergänzungen (4): Verbativergänzung 4

→ **2B5, 5B2, 7B2, 8B4**

Ein Mann	ließ	seinen Buben	zu Fuß laufen.
Der Vater	läßt	den Sohn dann	reiten.
Du	läßt	deinen Vater	zu Fuß gehen?!

Verb

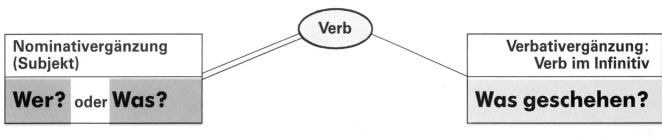

Nominativergänzung (Subjekt)	**Verbativergänzung: Verb im Infinitiv**
Wer? oder **Was?**	**Was geschehen?**

Ü5

14 B

Ü1 Bilden Sie Sätze nach den folgenden Mustern (Muskeln – dick) →14A1, 14A2

a) Monika Steiner / Owen Neal / Rocka / Rocko hat die dicksten Muskeln.
b) Niemand hat dickere Muskeln.
c) Seine / Ihre Muskeln sind am dicksten.

Aufgabe:

dick	stark	langsam	Muskeln	Hose	Zähne
groß	alt	schön	Augen	Bikini	Schuhe
lang	jung	gut	Beine	Pokal	Haare
kurz	klein	viel	Arme	Körper	Bauch
			Nase	Brust	.....

Ü2 Vergleichen Sie bitte →14A1, 14A2

Monika / Owen / Rocko
Rocka / meine Freundin
mein Freund / niemand
ich / wir / er / sie / du
wer ...

so schön sein
so stark sein
so dicke Muskeln haben
so verliebt sein
so lange Beine haben
sich so freuen können
so wenig arbeiten
so gut Deutsch sprechen
so viele Steaks essen können
so viel trainieren
.....

ich / du / er / sie / wir
ihr / niemand / Rocko
Rocka / Owen / Monika
meine Freundin / mein
Freund ...

Beispiele:

a) Wer kann (genau)so viele Steaks essen wie Owen?

b) Niemand ist so schön wie Rocka.

Ü3 Vergleichen Sie bitte →14A3

Österreich / Schweiz /
DDR / Bundesrepublik /
„mein Land"

Einwohner
Quadratkilometer
Einwohner je km^2
Analphabeten
Protestanten
Katholiken
Sprachen
Lebenserwartung

Österreich / Schweiz /
DDR / Bundesrepublik /
„mein Land"

Ü4 Ergänzen Sie bitte

Beispiel: (teuer) – (gut): Die **teuersten** Autos sind nicht immer die **besten.**

Aufgabe: 1. (billig) – (schlecht): Die ..... Autos sind nicht ...... 2. (groß) – (einsam): Die ..... Männer sind oft ...... 3. (schnell) – (gut): Die ..... Entschlüsse sind oft ...... 4. (laut) – (lieb): Die ..... Kinder sind oft ..... . 5. (alt) – (gut): Die ..... Freunde sind meistens ..... . 6. (klein) – (schön): Die ..... Freuden sind oft ...... 7. (schön) – (langweilig): Die ..... Menschen sind oft ..... . 8. (stark) – (intelligent): Die ..... Männer sind nicht ...... 9. (dumm) – (groß): „Die ..... Bauern haben meistens die ..... Kartoffeln." 10. (wenig) – (viel): Leute, die am ..... zu sagen haben, reden oft am ..... .

Ü5 Bilden Sie bitte sinnvolle Sätze nach den folgenden Mustern:

a) Warum ärgern Sie sich so? – Ich ärgere mich ja gar nicht!
b) Warum beruhigen Sie sich nicht? – Ich habe mich ja schon beruhigt!
c) Niemand plagt sich so sehr wie du.

sich ärgern – sich schämen – sich wundern – sich plagen – sich freuen – sich bemühen – sich aufregen – sich beruhigen

Herr und Frau von Kopra haben zu einer Party geladen. **1**
Nachmittags findet Frau von Kopra einen Zettel unter der Tür:

> an Die gastGeBerin!
> am 9.7. PasSieRT ein dieBStAhl in IHREm Haus.
> BrillAnTen-EdE Ist unter IhreN GästEN.
> Alter etwa 45. Schwarzes lockiges Haar, Kleiner
> schnurrBArt – Berliner AKZenT (SpRICHT wenig!) träGT
> Jackett mit Fischgrätenmuster – krawatte quErGestreifT
> gruß&kuß

○ Der 9. 7. – das ist heute. Sollen wir die Party absagen?

● Alle Gäste ausladen? Das geht jetzt nicht mehr!
Es ist schon nach fünf, die ersten kommen bestimmt schon gegen sieben.
Und die Musiker sind engagiert. Die müssen wir auf jeden Fall bezahlen.

○ Wie viele Leute hast du denn eingeladen?

● Keine Ahnung. Zwanzig oder dreißig.

○ Kennst du sie denn alle?

● Nur zum Teil. Viola hat auch noch welche eingeladen.
Und einige kommen bestimmt auch ohne Einladung.

○ Fischgrätenmuster, schwarzes Haar, Schnurrbart – den erkennen wir doch sofort!
Oder soll ich den alten Inspektor holen?

● Der hört doch nicht mehr gut!

○ Hat aber scharfe Augen.

● Sagst du ihm Bescheid? Und zeig ihm den Brief! Er soll rechtzeitig kommen.

○ Ja, sag ich ihm. Schließ alle Fenster!

● Huch, ist das spannend! Ob wir den wohl erkennen?

○ Klar, wer trägt schon Fischgrätenmuster und gestreifte Krawatte?!

Sollen wir die Party absagen?	– Das geht jetzt nicht mehr!
Wie viele Leute hast du eingeladen?	– Keine Ahnung! Zwanzig oder dreißig.
Kennst du sie denn alle?	– Nur zum Teil.
Soll ich den Inspektor holen?	– Der hört doch nicht mehr gut!
Sagst du ihm Bescheid?	– Ja, mach ich / sag ich ihm.
Ob wir den wohl erkennen?	– Klar! Ganz bestimmt.

15 A

Ü1 Wer ist Frau von Kopra
Herr von Kopra
der Inspektor
Brillanten-Ede
?

Begründen Sie Ihre Vermutung.

Ü2 Hören Sie Gespräche auf der Party:

- Wer spricht mit wem?
- Wer sind die einzelnen Personen?
- Woran erkennen Sie Brillanten-Ede?

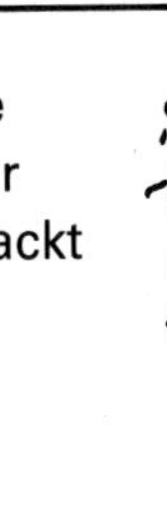

Um 22.30 Uhr hat sich der letzte Gast verabschiedet. Die Musiker haben ihre Instrumente eingepackt und sind gegangen. Herr und Frau von Kopra haben mit dem Inspektor zusammen einen Rundgang durch das Haus gemacht. Alles war in Ordnung. „Sehen Sie, es ist nichts passiert! Gut, daß Sie mich gerufen haben", hat der Inspektor gesagt und ist auch gegangen. **2**

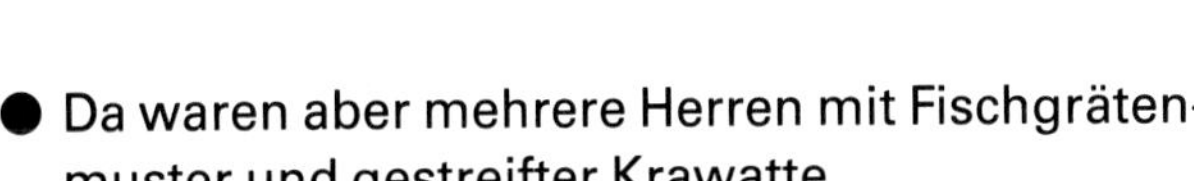

● Die ganze Aufregung umsonst! Der ist nicht gekommen.

○ Ob er was gemerkt hat?

● Da waren aber mehrere Herren mit Fischgrätenmuster und gestreifter Krawatte.

○ Das ist wohl gerade Mode. Einfach geschmacklos!

● Und einer hatte auch schwarzes lockiges Haar.

○ Mit dem hab ich mich unterhalten. Der war's nicht.

● Wie willst du das wissen?

○ Der war so nett. Und so was merkt man.

● Na, na, mir hat der nicht gefallen, etwas mysteriös. Hatte er einen Akzent?

○ Das hab ich nicht bemerkt. Er hat eigentlich wenig gesprochen. Aber mysteriös war er nicht.

● Ich glaube, du bist doch zu naiv.

○ Sag mal, wo ist denn deine Perlenkette?

● Oh! – Mach mich nicht nervös!

○ Ist die runtergefallen? Oder hat die etwa jemand abgemacht? –
Auf dem Teppich liegt sie nicht!

● Also, ich hab nichts gemerkt. Komm, wir müssen nochmal suchen!
Zum Glück hab ich meine Brillanten heute nicht getragen .....

3

Einbrecher kam während der Party

GRÜNWALD — Während ein Geschäftsmann mit seinen Gästen in seiner Villa in Grünwald (Landkreis München) eine Party feierte, wurde er um mehr als 100.000 Mark erleichtert. Ein Einbrecher war über die Mauer des Grundstücks gestiegen und hatte sich — unbemerkt von Hausherrn und Gästen — Zugang zum Schlafzimmer verschafft. Dort fand er Brillanten und sieben Brillantringe.

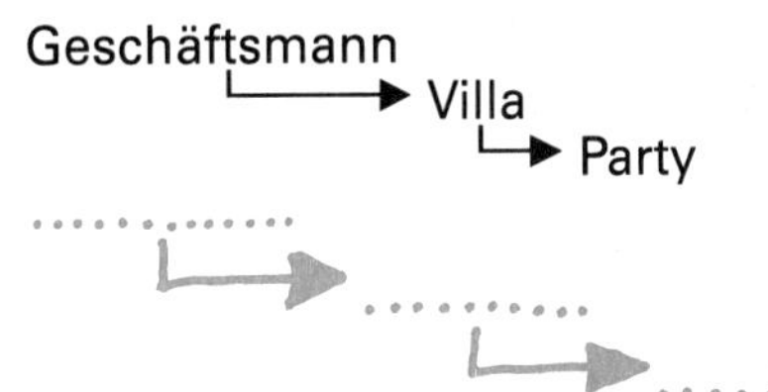

Der ist nicht gekommen.	– Ob er was gemerkt hat?	– Da waren aber mehrere Herren mit Fischgrätenmuster.
Der war es nicht.	– Wie willst du das wissen?	– Der war so nett. So was merkt man.
	Hatte er einen Akzent?	– Das habe ich nicht bemerkt. Er hat wenig gesprochen.
Wo ist denn deine Perlenkette?	– Mach mich nicht nervös!	– Ist die runtergefallen? Auf dem Teppich liegt sie nicht.

So kann man im Deutschen Vermutungen ausdrücken:

1. **Ich glaube/vermute,** Frau von Kopra hat ihre Perlenkette .....
2. **Ich kann mir vorstellen,** daß sie noch im Schrank liegt.
3. **Vermutlich** ist sie runtergefallen und liegt auf dem Teppich.
4. **Vielleicht/möglicherweise** ist die Kette gerissen, und die Perlen liegen verstreut auf dem Boden.
5. Sie hat sie **wohl** gar nicht umgelegt.
6. Die Kette **wird** in den Ausschnitt **gerutscht sein,** und Frau von Kopra **wird** sie **wohl** beim Ausziehen **wiederfinden.**
7. Die Kette **könnte** im WC **liegen.**

Ü4 Machen Sie aus den folgenden Behauptungen Vermutungen.

Herr von Kopra ist Bankdirektor, ein sparsamer Mann. Seine Frau liebt den Luxus, vor allem Schmuck und elegante Kleider. Sie gibt jede Woche eine Party, lädt in großer Zahl Gäste ein, auch Leute, die sie gar nicht kennt, weil sie Menschen um sich braucht, weil sie immer im Mittelpunkt stehen will. Sie kann kein normales Leben führen, sie kann nicht allein sein.
Ihr Mann hat den Drohbrief geschrieben; er will seiner Frau Angst machen und ihr ‚eine Lektion erteilen'. Er tut das, obwohl er sie liebt; darum endet der Drohbrief mit „Gruß & Kuß".
Die Herren mit dem Fischgrätenmuster und den gestreiften Krawatten sind Angestellte seiner Bank, die er zur Party in sein Haus bestellt hat. Außerdem hat er einen Zauberkünstler engagiert, der unbemerkt Sachen verschwinden lassen kann. Der hat Frau von Kopra schon bei der Begrüßung blitzschnell die Perlenkette abgenommen. Er ist als erster gekommen, so daß keiner außer Herrn von Kopra etwas bemerkt hat.

Ü5 Notieren Sie Ihre eigenen Vermutungen zu der Party und dem Diebstahl.

Ü6 Was können Sie auf diesem Foto erkennen?

Ü7 Was bedeutet dieses Bild Ihrer Meinung nach?

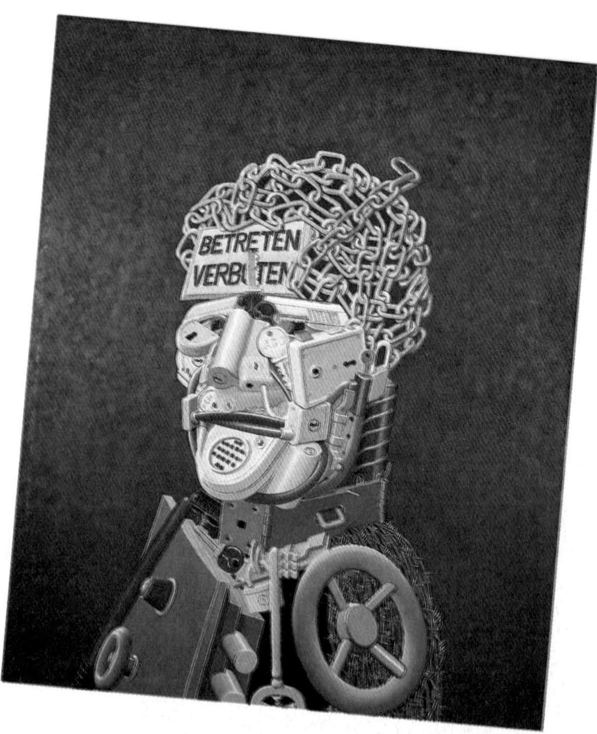

Ü8 Was glauben Sie?

- Was ist hier passiert?
- Warum liegen die Möbel auf der Straße?
- Was sagen die Leute, denen die Möbel gehören?
- Was werden sie tun?
- Was würden *Sie* tun?
- Was sagen/tun die Nachbarn?

Ü9

Was denken Sie?
- In welchen Ländern wird wohl viel Deutsch gelernt? Warum?
- Warum lernen jetzt weniger Menschen Deutsch? Was vermuten Sie?
- „Ein neues Konzept der Sprachpolitik" – Was, glauben Sie, wird die Bundesregierung tun?

Nachlassendes Interesse am Erlernen der deutschen Sprache

dr. **Bonn** (Eigener Bericht)
Dem Bundeskabinett liegt zur Zeit ein Bericht des Auswärtigen Amtes vor, der sich mit der Verbreitung der deutschen Sprache im Ausland beschäftigt. Untersuchungen haben ergeben, daß das Interesse am Deutschlernen weltweit zurückgegangen ist. Während 1979 noch 17 Millionen Menschen im Ausland Deutsch lernten, sind es jetzt nur 15 Millionen.

neues Konzept der Sprachpolitik

Ü10 Was ist hier wohl passiert?

15 A Ist das etwa Lehmann? – Nein, glaub ich nicht.

4

○ Kennst du den?
● Den hab ich doch schon mal gesehen!? Ist das etwa Lehmann?
○ Lehmann? Nein, glaub ich nicht. Warum kriecht der wohl auf dem Boden?
● Das ist Lehmann! Natürlich! Ich erkenne ihn doch wieder.
○ Du irrst dich! Was macht der da bloß auf dem Boden? Verstehst du das? Ist der betrunken? Oder hingefallen?
● Du kannst sagen, was du willst, das ist Lehmann!!
○ Nein, das ist er ganz sicher nicht. Ich kenne ihn doch! Schau mal, was hat der da? Diese kleinen Dinger, sind das Perlen?
● Ich glaube nicht. Wer spielt denn mit Perlen auf der Straße?
○ Der spielt doch nicht! Der sucht sie!
● Wieso denn? Hat er sie etwa verloren?
○ Auf jeden Fall sind das Perlen!
● Unsinn, das sind Murmeln!
○ Murmeln glänzen doch nicht! Ich wette, das sind Perlen!
● Ja, kann sein. Ich glaub, du hast recht. Was macht der bloß? Verstehst du das?
○ Ich glaub, ich hab's!

Ü 11 **Ist das etwa Jane Fonda?**

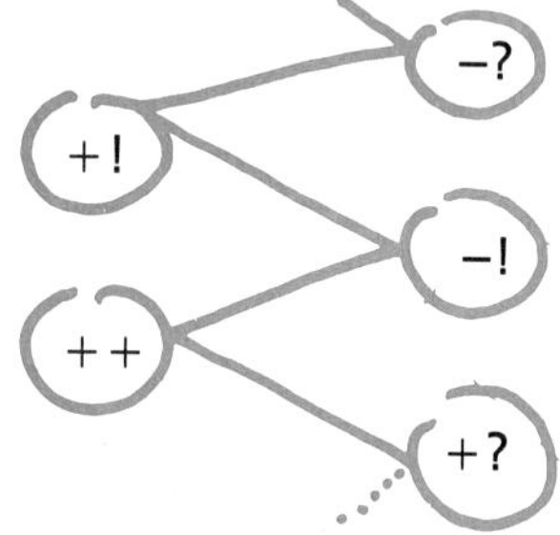

Das ist doch meine Uhr!

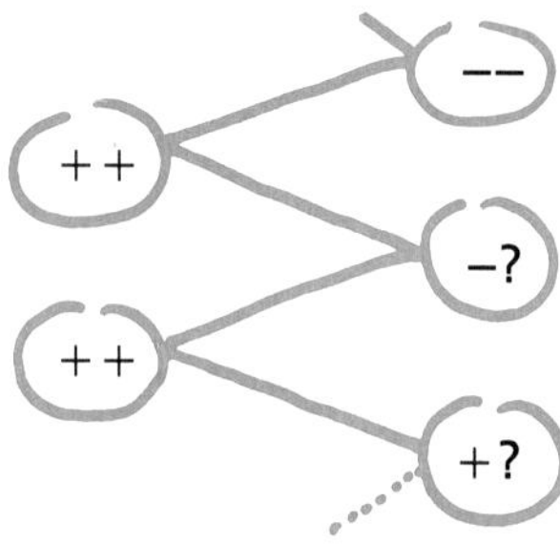

Ü 12 **Denken Sie sich ähnliche Dialoge aus: ?, –, +, +!, ––, ++ usw.**

? +! ++	Ist das etwa Lehmann? Das ist Lehmann! Natürlich! Du kannst sagen, was du willst, das ist Lehmann!	–? –! ––	Nein, glaub ich nicht. Du irrst dich. Nein, das ist er ganz sicher nicht. (Ich kenne ihn doch!)
? +! ++	Sind das Perlen? Auf jeden Fall sind das Perlen! Ich wette, das sind Perlen!	–? –! +?	Ich glaube nicht. Unsinn, das sind keine Perlen! (Das sind Murmeln.) Ja, kann sein. Ich glaube, du hast recht.

5

Reisewetter

Nord- und Ostseeküste: Rasch wechselnde Bewölkung, Schauer, 15 bis 19, Wasser 17 bis 20 Grad. In Ostfriesland am Donnerstag Durchzug eines Regengebietes, örtlich Gewitter. Mäßiger und böiger Südwestwind.

Schwarzwald, Bodensee: Veränderlich bewölkt, schauerartige Niederschläge, örtlich gewittrig, 17 bis 22, im Hochschwarzwald um 10 Grad.

Südbayern: Stark bewölkt, zeitweise Regen oder Gewitter, um 15 Grad.

Südfrankreich, Spanien, Portugal: Heiter bis wolkig, zwischen 23 und 32 Grad, örtlich auch darüber.

Kanarische Inseln: Heiter, zeitweise wolkig, 21 bis 26 Grad.

Österreich, Schweiz: Alpennordseite: Wechselnd, meist stark bewölkt, Schauer oder Gewitter, 14 bis 18, in 2000 m Höhe um 5, in 3000 m um minus 2 Grad. Südseite: Längere Aufheiterungen, kaum Schauer, 17 bis 22 Grad.

Italien: Meist sonnig, nachmittags einzelne Gewitter. 26 bis 31 Grad.

Jugoslawien: Wechselnd, im Norden meist stark bewölkt, Schauer oder Gewitter. Später zunehmend sonnig. Im Norden 18 bis 23, im Süden um 25 Grad.

Griechenland, Türkei: Im Norden Gewitter, sonst meist sonnig, um 30 Grad.

● Ihr erkältet euch! Ihr seid ja viel zu dünn angezogen!
○ Das Wetter wird bestimmt besser.
✻ Es ist doch Sommer! Man muß an den Sommer glauben.
● Aber der Wetterbericht ist ganz schlecht. Es soll kalt bleiben.
○ In Jugoslawien ist es ganz sicher warm. Da schwitzen wir.
● Vielleicht, kann sein. Aber erstmal sind wir noch in Deutschland. Ihr friert euch tot!
✻ Mensch, es muß doch besser werden! Nun haben wir schon vier Wochen Regen. Ich glaube, in Süddeutschland .....
● Nee, da ist es auch ganz schlecht. Nehmt doch wenigstens einen dicken Pullover mit! Ich fürchte, ...
○ O.K., wenn du meinst. Vielleicht hast du recht.

Ich weiß:	Ihr seid viel zu dünn angezogen! Da ist es auch ganz schlecht.
Ich bin überzeugt:	Das Wetter wird bestimmt besser. In Jugoslawien ist es ganz sicher warm. Es muß doch besser werden!
Ich glaube:	Ich glaube, in Süddeutschland ist es schön.
Ich zweifle:	Vielleicht, kann sein, aber ..... Ist es da nicht zu kalt? Vielleicht hast du recht.
Ich habe gehört:	Es soll so kalt bleiben.

Vier Tage später: Die drei sind in Jugoslawien. Das Wetter ist kühl und regnerisch. Hans und seine Freundin wollen den Urlaub abbrechen und wieder nach Hause zurück. Christian ist dagegen: „Ich habe euch gewarnt, daß ihr viel zu dünn angezogen seid. Ihr habt doch gewußt, daß es kalt bleibt!"

Stefanie: „Wir konnten nicht wissen, daß es auch in Jugoslawien kalt ist!"
Christian: „Ich habe euch gesagt, daß der Wetterbericht schlecht ist!"
Hans: „Aber nur für Deutschland!"
Christian: „Nein, ich habe gesagt, daß ....."

Ü 13 **Hören Sie den Reisewetterbericht und spielen Sie das Gespräch weiter.** 

6

Zählung soll Klarheit schaffen

Nur noch 43 Millionen Bundesbürger im Jahr 2030?

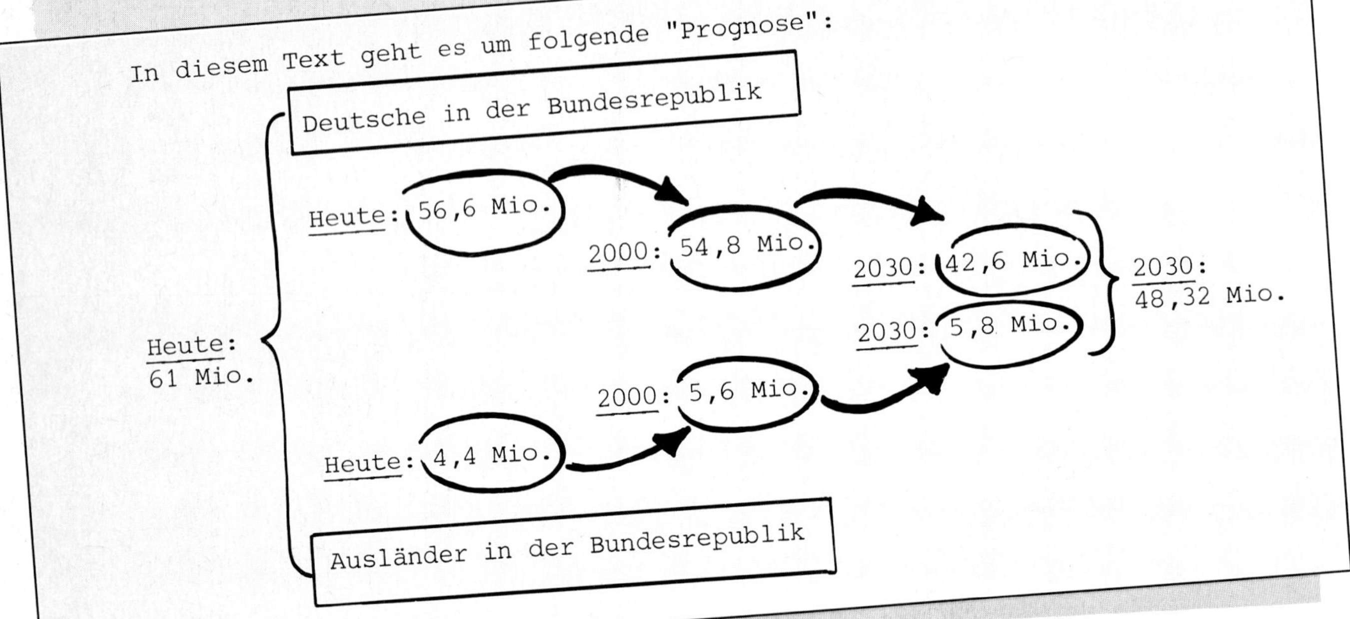

Bonn (dpa/ap)

Die Zahl der Bundesbürger wird bis zum Jahr 2030 um rund 14 Millionen abnehmen, wenn die jetzige Bevölkerungsentwicklung anhält. Dies geht aus einem aktualisierten Bericht hervor, der am Dienstag vom Bundeskabinett verabschiedet wurde. Danach wird die Zahl der Bundesbürger von derzeit rund 56,6 Millionen bis zum Jahr 2000 auf 54,8 Millionen abnehmen, bis zum Jahr 2030 aber dann deutlich auf 42,6 Millionen zurückgehen.

Nach Auswertung der Volkszählung 1987 könnten die Zahlen noch ungünstiger ausfallen. Fachleute nehmen an, daß die tatsächliche Bevölkerungszahl um eine Million niedriger liegt, als bisher angenommen wird.

Man geht davon aus, daß die ausländische Bevölkerung zunimmt. Ihre Zahl dürfte nach dieser Prognose von 4,4 Millionen im Jahr 1985 auf 5,6 Millionen bis zum Jahr 2000 und auf 5,8 Millionen bis zum Jahr 2030 steigen. Für die Gesamtbevölkerung – rund 61 Millionen im Jahr 1985 – ergibt sich bis 2000 nur ein geringfügiger Rückgang der Einwohnerzahl.

Nach realistischen Modellrechnungen dürften in der Bundesrepublik im Jahr 2030 nur noch 48,32 Millionen Einwohner leben, heißt es in dem Bericht weiter.

Ü14 Unterstreichen Sie die Zahlenangaben dieser Prognose im Text

Ü15 Suchen Sie diese Formulierungen für „Prognose" im Text:

- „Die Zahl *wird* abnehmen/zurückgehen."
- „Die Zahlen *könnten* noch ungünstiger ausfallen."
- „Man *geht davon aus,* daß ....."
  (= Man glaubt, daß .....)
- „Ihre Zahl *dürfte* ..... steigen."

Ü16 Diskutieren Sie:
Ist es gut oder schlecht, wenn die Einwohnerzahl eines Landes zurückgeht?

B1–4

7

WIR HABEN UNSERE FREUNDE MITGEBRACHT!
Herr und Frau Blaschke bekommen Besuch von ausländischen Gästen. Die Gäste bringen noch zwei Freunde mit. Damit haben Blaschkes nicht gerechnet!
Frau Blaschke hat Angst, daß sie zu wenig gekocht hat.
DANKE, WIR HABEN KEINEN HUNGER
BITTE LANGEN SIE ZU!
Frau Blaschke bietet ihren Gästen zu essen an. Aber die sagen, daß sie keinen Hunger haben. Blaschkes sind ratlos!
Frau Blaschke bietet den Gästen noch einmal zu essen an; aber die danken wieder. Da deckt sie den Tisch ab. Ihr Mann holt jetzt was zu trinken.
KOMISCHE LEUTE!
Nach drei Stunden sind Blaschkes wieder allein.
1
Ich glaube, die hatten gerade vorher gegessen und waren satt!
2
Das glaube ich nicht. Vielleicht war es ihnen unangenehm, daß sie die Freunde mitgebracht hatten.
3
Frau Blaschke hatte wohl nur für 4 Gäste gekocht: Pro Kopf eine Wurst!
4
Das war eine peinliche Situation!
Was haben wir denn bloß falsch gemacht?
5
Ob die euer Essen nicht mochten? Gab es Schweinefleisch?
6
7
Sie hätten viel öfter zum Essen auffordern müssen!
8
Vielleicht wollten die sich nur unterhalten?
9
Die kommen bestimmt nie wieder!

B2, 4

Ü 17 – **Wiederholen Sie die Aussagen/Gedanken der einzelnen Personen. Beginnen Sie mit: „ⓧ denkt/ glaubt/meint/vermutet/fragt/fragt sich, daß/ob .....“**
– **Was ist *Ihre* Meinung?**
– **Was glauben *Sie:* Wie geht die Geschichte weiter? Werden Blaschkes ihre Gäste einmal fragen, warum sie nichts gegessen haben?**
– **Kann man in Ihrem Land einfach Freunde zum Besuch mitbringen?**
– **Welche Erfahrungen haben Sie mit deutschen Gastgebern/Gästen gemacht? Berichten Sie bitte!**

15 B

1 Futur I: Formen

Infinitiv		kommen werden	
Singular			
1. Person	ich	werde	kommen
2. Person	du	wirst	kommen
	Sie	werden	kommen
3. Person	er / sie / es	wird	kommen
Plural			
1. Person	wir	werden	kommen
2. Person	ihr	werdet	kommen
	Sie	werden	kommen
3. Person	sie	werden	kommen
		„werd"- +	**INFINITIV PRÄSENS**
Ebenso:	ich	werde	**verlieren**

Futur II: Formen

	gekommen sein werden		
ich	werde	gekommen	sein
du	wirst	gekommen	sein
Sie	werden	gekommen	sein
er / sie / es	wird	gekommen	sein
wir	werden	gekommen	sein
ihr	werdet	gekommen	sein
Sie	werden	gekommen	sein
sie	werden	gekommen	sein
	„werd"- +	**INFINITIV PERFEKT**	
ich	werde	**verloren**	**haben**

Ü1–5

2 Konjunktiv II der Modalverben: Formen → 5B1, 9B1, 10B1, 13B2

Infinitiv		können	dürfen	müssen	mögen
Singular					
1. Person	ich	könn- t- e	dürf- t- e	müß- t- e	möch- t- e
2. Person	du	könn- t- est	dürf- t- est	müß- t- est	möch- t- est
	Sie	könn- t- en	dürf- t- en	müß- t- en	möch- t- en
3. Person	er / sie / es	könn- t- e	dürf- t- e	müß- t- e	möch- t- e
Plural					
1. Person	wir	könn- t- en	dürf- t- en	müß- t- en	möch- t- en
2. Person	ihr	könn- t- et	dürf- t- et	müß- t- et	möch- t- et
	Sie	könn- t- en	dürf- t- en	müß- t- en	möch- t- en
3. Person	sie	könn- t- en	dürf- t- en	müß- t- en	möch- t- en

UMLAUT – „t" – ENDUNG

Ü6

⚠ ich soll- t- e / woll- t- e → = **Indikativ Präteritum**

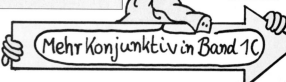

Mehr Konjunktiv in Band 1C

Futur I und Futur II: Bedeutung und Gebrauch → 13B10 3

① Futur I

Die Einwohnerzahl wird bis zum Jahr 2030 abnehmen.

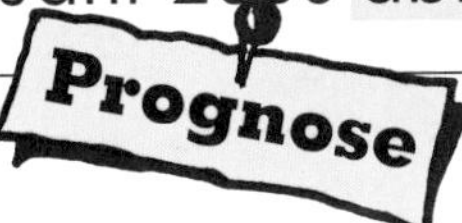

Futur II

Die Einwohnerzahl wird im Jahr 2030 abgenommen haben.

② Futur I

Sie wird Ihre Kette (wohl) wiederfinden.

Er wird jetzt (wohl) keine Zeit haben.

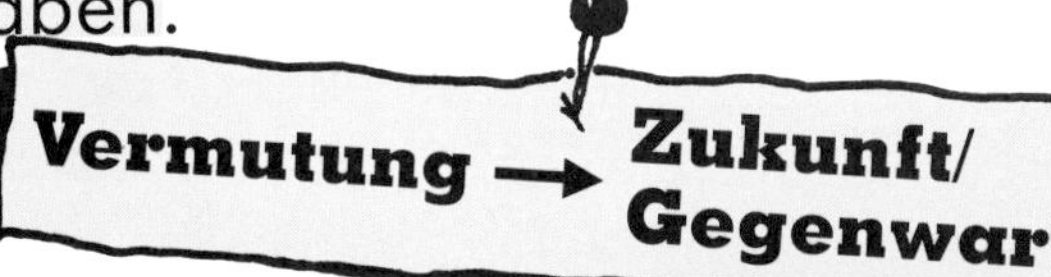

Futur II

Die Kette wird in den Ausschnitt gerutscht sein.

Er wird gestern (wohl) keine Zeit gehabt haben.

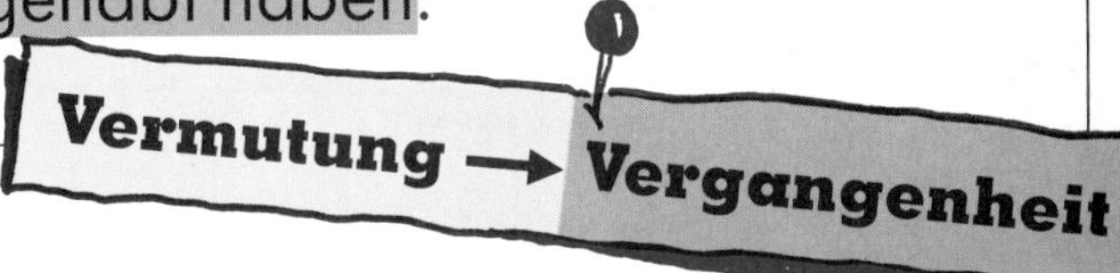

③ Futur I

„Kommst du auch?" – „Ich werde kommen!"
„Kommt ihr auch?" – „Wir werden kommen!"

④ Futur I

„Du wirst (jetzt sofort) kommen!"
„Ihr werdet das bis morgen auswendig lernen!"

Ü1–5

Konjunktiv II der Modalverben: Bedeutung und Gebrauch → 13B2 4

Die Zahl könnte noch weiter abnehmen.

Die Zahl dürfte nach den Prognosen steigen.

800 Mark müßten für Essen und Trinken reichen.

unsicher

etwas unsicher

fast sicher

„Die Zahl steigt" → **sicher**

Ü6

Ü1 Drücken Sie die Vermutungen anders aus (mit dem FUTUR I).

Beispiel: Warum ist Peter noch nicht da?
Ich vermute: Er kommt noch.
Er wird noch kommen.

Aufgabe: Ich vermute: 1. Er hat keine Zeit. 2. Seine Uhr geht nach. 3. Sein Zug hat Verspätung. 4. Sein Auto ist kaputt. 5. Er wartet auf Maria. 6. Er muß noch etwas erledigen. 7. Er ist krank. 8. Er hat keine Lust.

Ü2 Drücken Sie die Vermutungen anders aus (mit dem FUTUR II).

Beispiel: Warum ist Maria noch nicht da?
Ich vermute: Sie ist krank geworden.
Sie wird krank geworden sein.

Aufgabe: Ich vermute: 1. Sie hat ihre Freundin getroffen. 2. Sie ist mit ihrer Freundin ins Kino gegangen. 3. Der Deutschkurs hat länger gedauert. 4. Sie ist in einen Stau gekommen. 5. Sie hat die Einladung vergessen. 6. Sie hat verschlafen. 7. Sie hat den Zug verpaßt. 8. Sie hat Besuch bekommen.

Ü3 Drücken Sie die Versprechen anders aus (mit dem FUTUR I).

Beispiel: Ich komme bestimmt! – **Ich werde kommen!**

Aufgabe: 1. Ich besuche dich morgen. 2. Ich gehe mit dir ins Theater. 3. Ich höre auf zu rauchen. 4. Ich tu das nie wieder. 5. Ich gebe nie wieder so viel Geld für ein Auto aus. 6. Wir schreiben euch bestimmt eine Karte. 7. Wir vergessen euch nie. 8. Wir denken immer an euch.

Ü4 Drücken Sie die Befehle anders aus (mit dem FUTUR I).

Beispiel: Du kommst jetzt sofort her! – **Du wirst jetzt sofort herkommen!**

Aufgabe: 1. Du ißt das jetzt! 2. Du bleibst zu Hause! 3. Du rufst jetzt sofort bei der Polizei an! 4. Du gibst mir sofort meinen Ring zurück! 5. Du entschuldigst dich bei ihr! 6. Ihr sagt jetzt keinen Ton mehr! 7. Ihr benehmt euch anständig! 8. Ihr seid jetzt sofort ruhig!

Ü5 Drücken Sie die folgenden Prognosen anders aus (mit dem FUTUR I).

Beispiel: Ich sage für das Jahr 2000 voraus: Die Probleme werden größer.
Die Probleme werden größer werden.

Ü6 Drücken Sie die folgenden Prognosen „vorsichtiger" aus (mit dem KONJUNKTIV II von Modalverben).

Beispiel: **Die Probleme könnten/dürften größer werden.**

Aufgabe: 1. Die Zahl der Einwohner in der Bundesrepublik nimmt weiter ab. 2. Es gibt mehr alte als junge Menschen. 3. Die Menschen arbeiten nur noch 32 Stunden in der Woche. 4. Roboter und Computer erledigen den größten Teil der Arbeit. 5. Die Menschen haben viel mehr Freizeit. 6. Aber die Zahl der Menschen auf der ganzen Erde wächst immer schneller. 7. Dadurch wird der Hunger auf der Welt zu einem immer größeren Problem. 8. Am schnellsten wächst die Bevölkerung in Asien, Afrika und Lateinamerika.

Ü7 a) Was drücken die folgenden Sätze aus?
PROGNOSE? VERMUTUNG? BITTE? BEFEHL? ANLEITUNG/AUFFORDERUNG? VERSPRECHEN?

Das Papier wird auf die Glasplatte gelegt.
Frau Blaschke wird nicht oft genug zum Essen aufgefordert haben.
Würdest du mir bitte helfen?
Der Kurs des Dollar dürfte bald wieder steigen.
In Jugoslawien müßte es schon 25° warm sein.
Wir werden euch nächstes Jahr wieder besuchen.
Du wirst nicht mit dem Auto nach Hause fahren!
Die Zahl der Arbeitslosen könnte noch weiter zunehmen.
Im Jahr 2000 werden 5,6 Millionen Ausländer in der Bundesrepublik leben.
Die Gäste werden keinen Hunger gehabt haben.
Zuerst werden 6 Rechtecke auf ein Blatt Papier gezeichnet.
Bis zum Bahnhof werden es 10 Minuten zu Fuß sein.
Ich würde wenigstens einen dicken Pullover mitnehmen!
Der Zeitungskasten ist nicht geleert: Lehmanns werden nicht zu Hause sein.
Dort drüben, das müßte das Rathaus sein.

b) Drücken Sie jeden Satz anders aus.

Beispiel: Das Papier wird auf die Glasplatte gelegt. – **Das Papier legt man auf die Glasplatte.**

1

a

Steffi Graf, 17 Jahre, 1,73 Meter groß und 56 Kilo leicht, ist eigentlich ein freundliches und ruhiges Mädchen. Die Reporter loben ihre fröhliche und natürliche Art. Aber wenn sie Tennis spielt, kann man Angst vor ihr bekommen: Der Mund ist schmal, auf der Stirn liegt eine tiefe Falte, und die Augen blicken bösartig auf die kleine Filzkugel. Dann haut sie mit dem Schläger drauf, daß es kracht. Der Ball bekommt dabei eine gefährliche Rotation, genannt „Top-Spin", und zischt wie eine Rakete über das Netz. „Sie hat eine Vorhand wie ein Dampfhammer", schreibt die New Yorker „Daily News". Und ihr Vater grinst stolz: „Auf dem Tennisplatz ist sie ein Killer".

Ü1
- **Beschreiben Sie bitte diese junge Dame auf dem Foto.**
- **Welche Merkmale/Eigenschaften hat sie? Unterstreichen Sie die Angaben im Text.**
- **Welche Eigenschaften finden Sie positiv (sympathisch), welche negativ? Begründen Sie Ihre Entscheidung.**

Ü2 **Können Sie Ihre Lieblingssportlerin/Ihren Lieblingssportler beschreiben?**

Ü3 **Beschreiben Sie Ihre eigenen Eigenschaften (privat und im Beruf).**

b **Hören Sie eine Radioreportage aus Key Biscayne (Florida):**

- Steffi Graf steht im Finale vor 10.000 Zuschauern.
  Ihre Gegnerin ist Chris Evert-Lloyd (USA).
- Sie hören den Anfang des Spiels („der erste Punkt überhaupt in diesem Endspiel") und das Ende („So, Matchball für Steffi Graf").
- Dazwischen berichtet der Reporter vom Spiel und von den beiden Spielerinnen. Er lobt vor allem Steffi Graf („Ganz Amerika schwärmt vom deutschen Tenniswunder" – „Was Besseres kann man nicht spielen im Damentennis im Moment" usw.)

Ü4 **„Ganz Amerika schwärmt von ...", „Ihre Vorhand ist unheimlich" – Wie lobt der Reporter Steffi Graf? Notieren Sie bitte.**

Ü5 **Steffi ist** ....

....

....

....

....

c

Die internationale Presse ist sich einig: Die 17 Jahre alte Steffi Graf aus Brühl ist die kommende „Nummer eins" im Damen-Tennis. „Sie ist wie ein Orkan, der in Florida die bisher bestehende Hierarchie komplett weggefegt hat", schreibt „L'Equipe" (Frankreich) stellvertretend für den allgemeinen Tenor. Pressestimmen:

„Corriere dello Sport" (Italien): „Einfach phantastisch, grandios. Sie ist die Tenniskönigin der Welt. Wer kann sie heute noch schlagen?"

„Gazetta dello Sport" (Italien): „Es gibt ein klares Urteil: Diese Steffi Graf kann die Nummer eins werden."

„Miami News" (USA): „Graf hatte das letzte Lachen."

„Daily Mail" (London): „Steffi ist die Königin. Die Art und Weise, wie sie Chris Evert-Lloyd vom Platz fegte, begeisterte und war Werbung für das Damentennis in der Welt."

die Königin

2

Nach 400 000 Kilometern ohne Führerschein jetzt verurteilt

Gütersloh (dpa)

400 000 Kilometer legte er zurück – 28 Jahre lang chauffierte er Autos und Motorräder unfallfrei durch die Bundesrepublik – sein Pech: Einen Führerschein hat er zeitlebens nie besessen. Jetzt verurteilte ein Schöffengericht in Gütersloh den 45jährigen Verkehrssünder aus Rietberg zu neun Monaten Freiheitsstrafe ohne Bewährung. Außerdem darf der Mann innerhalb der nächsten fünf Jahre keinen Führerschein erwerben. Der Autonarr war in der Vergangenheit mehrmals ohne Fahrerlaubnis aufgefallen, bisher hatte er dafür aber lediglich Geldstrafen kassiert.

Ü6 **Dieser Zeitungsartikel berichtet aus verschiedenen Zeiträumen:**
- **Was ist vor dem Urteil passiert?**
- **Was passiert danach?**

Notieren Sie bitte.

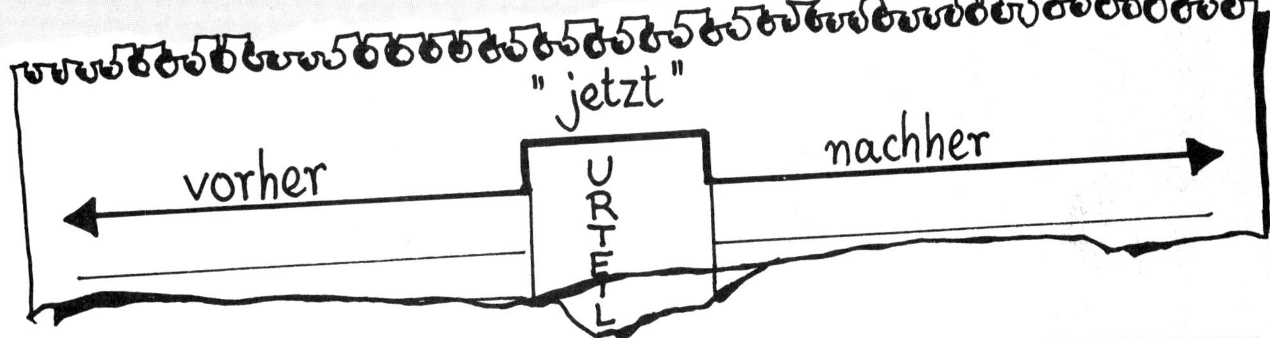

3

Warum nicht deutsch? Von Karl R. Pogarell

Ich habe viel mit Ausländern zu tun – mit denen, die in politischen Rechenschaftsberichten unter dem Stichwort „Internationale Beziehungen“ zu finden sind. Diese Leute haben Probleme.

Sie brauchen zum Beispiel ein Visum, eine Wohnung, Geld. Sie alle wollen die deutsche Sprache erlernen oder ihre Sprachkenntnisse verbessern. Letzteres ist leider unmöglich. Deutsch kann man hier nicht lernen. Vielleicht in Peking, New York oder Istanbul, aber nicht hier.

Erstes Beispiel: Ich gehe mit einem chinesischen Hochschullehrer zum Ausländeramt der Stadt. Der Professor braucht eine Visumsverlängerung, sonst kann er seine Untersuchungen zu Goethe nicht abschließen. Der für Asiaten zuständige Beamte – er ignoriert den Gelehrten, spricht meistens mit mir. In einem Anfall von Wachsamkeit und Pflichteifer wendet er sich schließlich noch an jenen und fragt: „Du wollen hier arbeiten, du wollen immer hier bleiben?“

Beispiel zwei: Ein Amerikaner hat lange gebüffelt, bis er die Sprache mit den vielen Fällen einigermaßen beherrschte, nun will er in Deutschland die Probe aufs Exempel machen. Er äußert auch den Wunsch, gelegentlich Tennis zu spielen.

Wir fahren zu einem Verein, ich ermittele den Vorsitzenden inmitten einer großen Runde Biertrinkender und erläutere ihm die Absicht des jungen Mannes aus Kalifornien. Die Herren und Damen sind begeistert. Ein richtiger Amerikaner! Bei uns! Sie stürzen auf ihn zu.

„Nice to see you, of course you can play tennis here on our place. My name is soundso, what is your name, where do you come from?“

„Ich komme aus Kalifornien und heiße David soundso, ich bin hier, um meine Deutschkenntnisse zu verbessern, aber ich würde auch gern ein wenig Tennis spielen.“

„Oh, you are comming from California, it's great. I know this beautiful country from my last holidays. From which city are you comming from?“

„Aus Long Beach in Südkalifornien, es ist immer sehr warm dort, aber Deutschland gefällt mir auch sehr gut, ich bin sehr glücklich hier.“

„Yes, yes. I know, I understand!“

Ich versuche den Vereinsvorsitzenden darauf aufmerksam zu machen, daß sein Verständnis möglicherweise damit zusammenhängen könnte, daß unser Gast recht passabel deutsch spricht. Vielleicht könnte er ja auch Deutsch sprechen, nur so, weil der David ja noch lernen wolle.

„He speaks German?“ Der Mann blickt mich erstaunt an. „Yes“, sage ich.

Ü7
- **Wie reagieren die Deutschen auf die beiden Ausländer?**
- **Warum reagieren sie so?**
- **Wie gehen die Gespräche wohl weiter?**
- **Was hätten Sie anstelle des Chinesen und des Amerikaners getan?**
- **Haben *Sie* schon einmal ähnliche Erfahrungen gemacht?**
- **Wie würden Sie mit einem Ausländer reden, der Ihre Sprache nicht gut beherrscht?**

4

Deutscher Speisezettel

Jeder Bundesbürger hat im vergangenen Jahr durchschnittlich mehr als 500 Kilogramm Nahrungsmittel verzehrt und rund 650 Liter Flüssigkeit dazu getrunken. Der weitaus größte Teil der Ernährung wird mit den großen Grundnahrungsmitteln aufgenommen: Obst und Gemüse, Kartoffeln, Fleisch, Eier, Zucker und Fett. An der Zusammensetzung der Mahlzeiten hat sich in den vergangenen Jahren nur wenig geändert: Vor allem die Mengen von Fett und Zucker, die – im Übermaß genossen – zu ernährungsbedingten Krankheiten führen können, sind in den vergangenen Jahren weitgehend konstant geblieben. Größere Veränderungen gab es beim Getränkeverbrauch. Alkoholhaltige Getränke haben leicht verloren. Erfrischungsgetränke und Fruchtsäfte wurden dafür stärker getrunken.

Ü8 **Bitte lesen Sie Graphik und Text und werten Sie aus:**

Pro Jahr

Die Deutschen essen: 500 kg	Die Deutschen trinken: 650 l
1. Obst	1.
2.	2.
3.	3.
4.	4.
5.	5.

Ü9 – **Was hat sich in den letzten Jahren in der Bundesrepublik Deutschland beim Konsum geändert? Was ist gleich geblieben?**
– **Welche Unterschiede gibt es im Vergleich zu Ihrem Land?**

Der Kinderschutzbund

Ortsverband Hildesheim e.V. Stadt und Land

Kinderschutz heute - warum?

Kinderschutzarbeit in der Bundesrepublik Deutschland: Was ist das? Ist sie nötig? Welchem Ziel dient sie?

Den meisten Menschen in unserem Lande geht es materiell gut. Sie leben im Wohlstand. Die äußeren Lebensumstände waren nie so günstig wie heute. Die Chancen, das Leben frei zu gestalten, sind groß.

Dennoch gibt es Schattenseiten: soziale Ungerechtigkeiten, Bildungs- und Herkunftsbarrieren, gesellschaftliche Randgruppen. Und daneben im persönlichen Bereich: Ehen, die nicht intakt sind, gestörte Familien, vor allem aber:

- Kinder, die zu kurz kommen
- Kinder, die vernachlässigt werden
- Kinder, die unterdrückt werden
- Kinder, die mißhandelt werden
- Kinder in Heimen
- Kinder ohne elterliche Fürsorge
- Kinder ohne Freiheitsraum
- Kinder, um die sich niemand kümmert

mitten unter uns, überall, oft direkt nebenan, in der eigenen Nachbarschaft.

Wo liegen die Ursachen?

- **Viele Eltern** sind nervös, überreizt, streßgeschädigt, überfordert.
- **Viele Mütter** sind berufstätig, leiden unter der Doppellast des Haushalts und der Berufstätigkeit.
- **Viele Väter** widmen sich vorrangig ihrem Beruf und ihren Interessen, so daß wenig Zeit für die Familie bleibt.
- **Viele Ehepaare** lassen sich scheiden zu einem Zeitpunkt, wo ihre Kinder noch klein sind und der Zuwendung beider Elternteile bedürfen.
- **Viele junge Eltern** sind auf die Aufgabe der Kindererziehung nicht vorbereitet. Ihre Erziehung spielt sich nicht selten zwischen zwei Extremen ab: zwischen übertriebener Verwöhnung und harter Bestrafung.

Was folgt daraus?

Es entstehen Schäden, die lebensprägend für das gesamte Dasein vieler Kinder sind.

Versagende, schwierige, verhaltensgestörte, aggressive Kinder sind immer das Produkt ihrer Umwelt, ihrer Eltern und Erzieher.

Auf keinem Gebiet werden so viele und folgenschwere Fehler gemacht wie bei der Erziehung. Oft aber sind die Eltern überzeugt, daß sie richtig handeln.

B2

Ü 10 **Kinder/schutz/bund – was für ein Verein ist das? Welche Ziele hat er?**

Ü 11 **Es gibt Kinder, die von ihren Eltern keine Liebe und Hilfe bekommen, die schlecht behandelt werden, die geschlagen werden, die nicht spielen dürfen, die nicht in ihren Familien leben können. – Wo und wie steht das oben im Text? Schreiben Sie die Formulierungen auf.**

Ü 12 **Warum geht es diesen Kindern schlecht?**

Ü 13 **„Was folgt daraus?" – Suchen Sie Wörter, die Sie nicht sofort verstehen, im Wörterbuch, z. B. „versagen(d)", „verhaltensgestört."**

Ü 14 **Hören Sie ein Interview mit Frau Geisendorf vom Kinderschutzbund Hildesheim. Sie antwortet auf die Fragen:**

1. **„Kinderschutz heute – ist das nötig?"**
2. **„Wie sieht Ihr Programm aus?"**
3. **„Wie viele Kinder brauchen Hilfe?"**

– **Hören Sie die 1. Antwort.**
Was ist die Hauptschwierigkeit in vielen Familien?

– **Hören Sie die 2. Antwort und notieren Sie:**

Projekte	Kinderbetreuung	Sorgentelefon	Pflege und Adoption	Kleiderbasar	Babysitterdienst

– **Hören Sie die 3. Antwort.**

6

Franz Hohler

DER VERKÄUFER UND DER ELCH

Eine Geschichte mit 128 deutschen Wörtern

Kennen Sie das Sprichwort „Dem Elch eine Gasmaske verkaufen"? Das sagt man bei uns von jemandem, der sehr tüchtig ist, und ich möchte jetzt erzählen, wie es zu diesem Sprichwort gekommen ist.

Es gab einmal einen Verkäufer, der war dafür berühmt, daß er allen alles verkaufen konnte.

Er hatte schon einem Zahnarzt eine Zahnbürste verkauft, einem Bäcker ein Brot und einem Blinden einen Fernsehapparat.

„Ein wirklich guter Verkäufer bist du aber erst", sagten seine Freunde zu ihm, „wenn du einem Elch eine Gasmaske verkaufst."

Da ging der Verkäufer so weit nach Norden, bis er in einen Wald kam, in dem nur Elche wohnten.

„Guten Tag", sagte er zum ersten Elch, den er traf, „Sie brauchen bestimmt eine Gasmaske."

„Wozu?" fragte der Elch. „Die Luft ist gut hier."

„Alle haben heutzutage eine Gasmaske", sagte der Verkäufer.

„Es tut mir leid", sagte der Elch, „aber ich brauche keine."

„Warten Sie nur", sagte der Verkäufer, „Sie brauchen schon noch eine."

Und wenig später begann er mitten in dem Wald, in dem nur Elche wohnten, eine Fabrik zu bauen.

„Bist du wahnsinnig?" fragten seine Freunde.

„Nein", sagte er, „ich will nur dem Elch eine Gasmaske verkaufen."

Als die Fabrik fertig war, stiegen soviel giftige Abgase aus dem Schornstein, daß der Elch bald zum Verkäufer kam und zu ihm sagte: „Jetzt brauche ich eine Gasmaske."

„Das habe ich gedacht", sagte der Verkäufer und verkaufte ihm sofort eine. „Qualitätsware!" sagte er lustig.

„Die anderen Elche", sagte der Elch, „brauchen jetzt auch Gasmasken. Hast du noch mehr?" (Elche kennen die Höflichkeitsform mit „Sie" nicht.)

„Da habt ihr Glück", sagte der Verkäufer, „ich habe noch Tausende."

„Übrigens", sagte der Elch, „was machst du in deiner Fabrik?"

„Gasmasken", sagte der Verkäufer.

P.S. Ich weiß doch nicht genau, ob es ein schweizerisches oder ein schwedisches Sprichwort ist, aber die beiden Länder werden ja oft verwechselt.

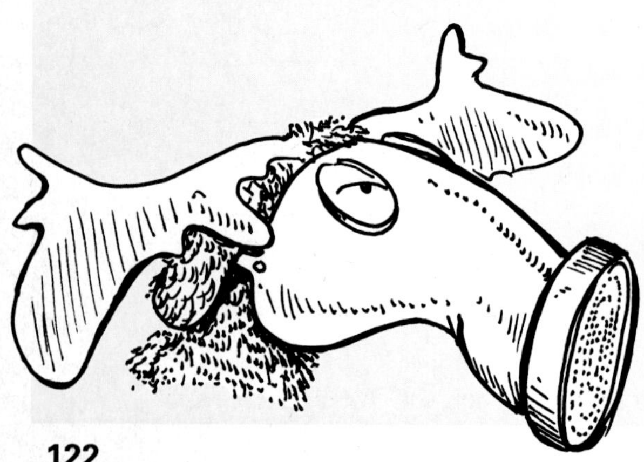

Der spannende Teil folgt im Labor

Die Elchjagd in Schweden wird in diesem Jahr von der Angst vor Cäsium beherrscht

Stockholm. (dpa) Seit mehr als dreißig Jahren geht Erik Andersson in den Wäldern um Hudiksvall, fünf Autostunden nördlich von Stockholm, auf die Jagd nach Elchen. Doch in der jetzt begonnenen Saison ist alles anders, es ist die erste nach Tschernobyl. „Die Angst vor dem Cäsium nimmt mir die Freude," meint der passionierte Jäger, bevor er sich in einer naßkalten Oktobernacht zum erstenmal auf die Pirsch macht.

Auch die äußeren Voraussetzungen der Jagd weisen überdeutlich auf die Folgen der Reaktorkatastrophe im 1 200 Kilometer entfernt liegenden Tschernobyl hin. Während früher stets mehr als vierzig Mitglieder in der Gruppe mit Andersson dabei waren, kamen in diesem Jahr nicht einmal dreißig. „Die anderen versuchen es schon gar nicht mehr wegen des Cäsiums," kommentiert Andersson achselzuckend die gelichteten Reihen.

In Gävleborg, der Region um Hudiksvall, werden die Elche wie in zahlreichen Gebieten Schwedens nicht zum Spaß geschossen. Anders Nilsson, der mit Andersson zusammen jagt, schätzt, daß der Fleischbedarf seiner Familie mit zwei Kindern zu 75 Prozent durch Elch gedeckt wird.

Ihn haben die bisher gemessenen Werte an Cäsium 137 zu makaber anmutenden Rechnungen veranlaßt: „Für mich selbst akzeptiere ich Fleisch mit tausend Becquerel Cäsium pro Kilo. Bis zu 700 Becquerel bekommen es auch die Kinder." Für den Eigenverzehr von Fleisch gibt es in Schweden keine Obergrenzen bei radioaktiven Stoffen. Doch in den Handel darf lediglich Fleisch mit einem Höchstwert von 300 Becquerel pro Kilo gelangen.

Als die Gruppe gegen Mittag ihren Jagdzug beendet, hat Erik Andersson eine kapitale Elchkuh und zwei Kälber erlegt — keine schlechte Beute. Doch der „spannende" Teil der Jagd findet jetzt erst in einem hochmodernen Labor statt. Nachdem noch im Wald die Innereien der Tiere ausgenommen sind, schneidet Andersson kleine Fleischproben und fährt mit ihnen zum Kommune-Labor nach Hudiksvall. Dort wird ihm nach kurzer Zeit das deprimierende Ergebnis der Untersuchung auf Cäsium mitgeteilt.

Für die Elchkuh haben sich 1 600 Becquerel Cäsium pro Kilo ergeben. Der Kadaver und damit mehr als 130 Kilo Wildfleisch müssen von Andersson umgehend im Wald vergraben werden, denn unter den Jägern gilt, daß Elche mit mehr als tausend Becquerel nicht akzeptabel sind.

Das Verb und die Ergänzungen (5): Präpositionalergänzung 1

→ 2B5, 5B2, 7B2, 8B4, 14B4

Der Reporter	berichtet		**vom**	Spiel.
Viele Leute	interessieren	sich	**für**	Tennis.
Ich	warte		**auf**	eine Antwort.
Ich	erinnere	dich	**an**	dein Versprechen.
Die Menschen	reden		**über**	mich.
Zu viel Fett	führt		**zu**	Krankheiten.
Viele Eltern	kümmern	sich nicht	**um**	ihre Kinder.

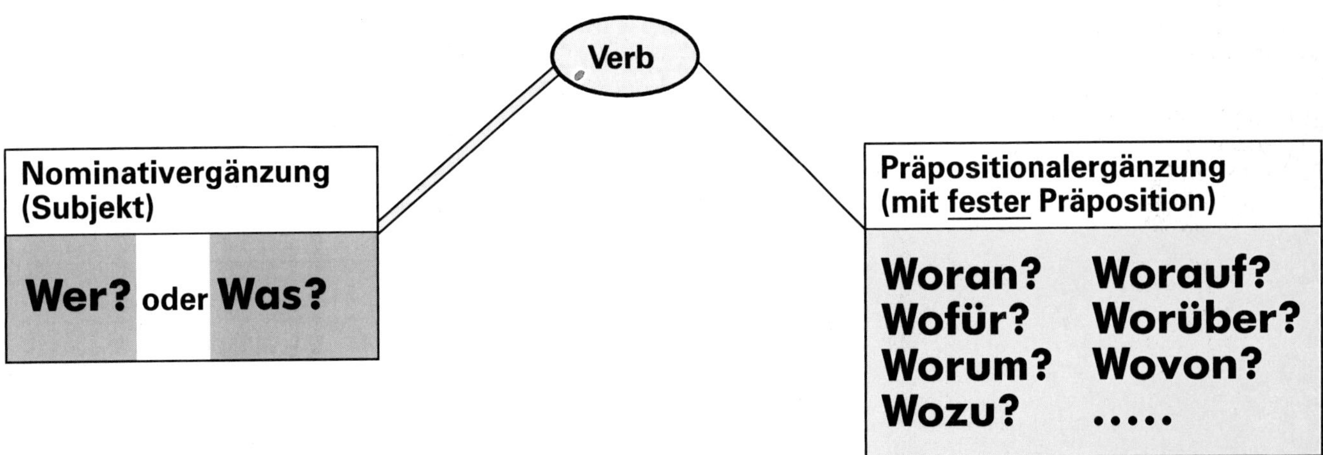

Das Verb und die Ergänzungen (6): Genitivergänzung 2

→ 2B5, 5B2, 7B2, 8B4, 14B4, 16B1

Die Kinder	bedürfen	der Zuneigung der Eltern.
Wir	gedenken	der Toten.

Verb

Nominativergänzung (Subjekt)
Wer? oder **Was?**

Genitivergänzung
Wessen?

Diese Genitivergänzung wird bei nur wenigen Verben und fast nur in schriftlichen Texten verwendet.

3 Wortbildung (1)

3.1 Substantive aus SUBSTANTIV + SUBSTANTIV

der Tennis/platz… …ist ein Platz, auf dem Tennis gespielt wird.
die Radio/reportage… …ist eine Reportage, die man im Radio hören kann.
das Motor/rad… …ist ein (Fahr-)Rad mit Motor.
die Freiheit/s/strafe… …ist eine Strafe, bei der man seine Freiheit verliert.
der Zeitung/s/artikel… …ist ein Artikel (Bericht) in einer Zeitung.
das Nahrung/s/mittel… …ist ein „Mittel" für die Ernährung.

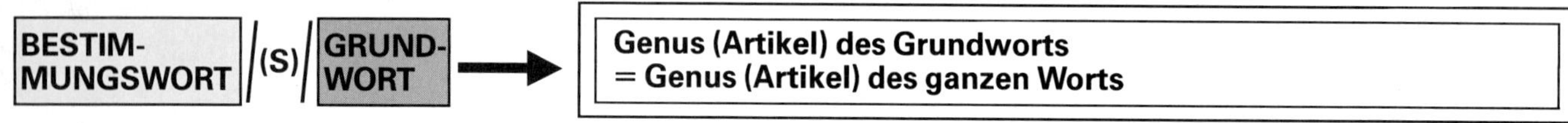

3.2 Substantive aus ADJEKTIV + -heit/-keit

die Schön/heit
die Krank/heit

die Flüss*ig*/keit
die Mög*lich*/keit
die Ungerecht*ig*/keit

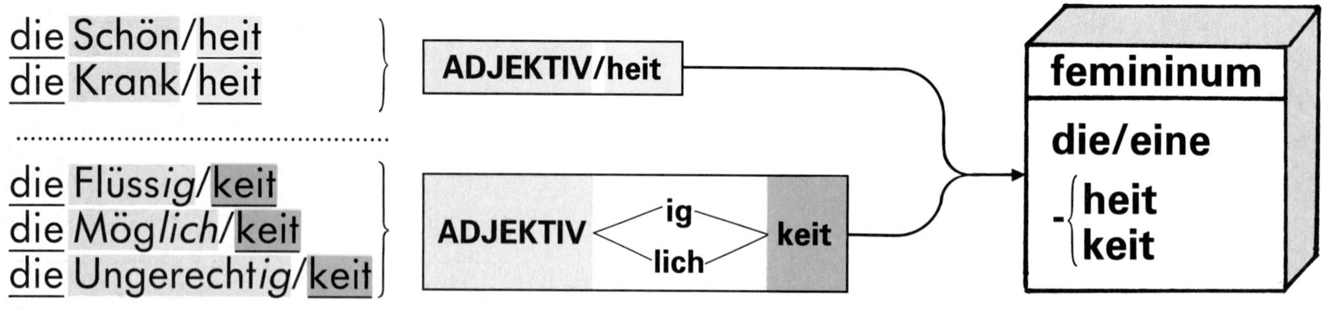

3.3 Substantive aus VERB + -ung

die Werb/ung
die Kleid/ung
die Entfern/ung
die Erfrisch/ung
die Bestraf/ung

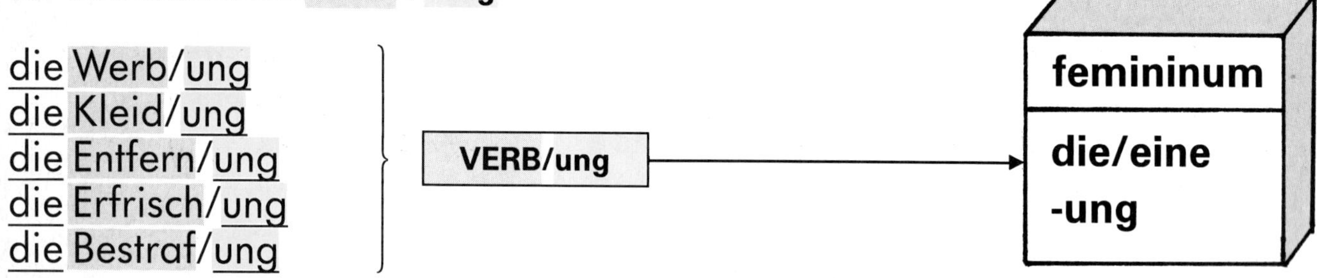

3.4 Substantive aus VERB + -er

der Zuschau/er
der Spiel/er
der Erzieh/er
der Verkäuf/er

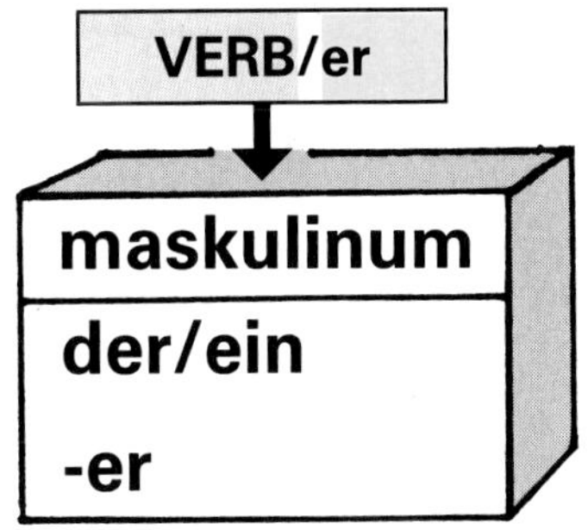

3.5 Substantive aus SUBSTANTIV + -in

die Zuschauer/in
die Spieler/in
die Erzieher/in
die Verkäufer/in
die König/in

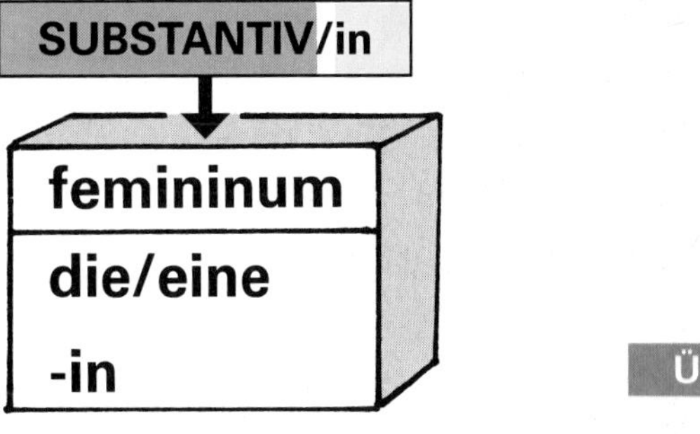

Ü 1

Wortbildung (2) 4

4.1 Adjektive aus Substantiv + -lich/-ig

natür/lich
gefähr/lich
beruf/lich

SUBSTANTIV/lich

gift/ig
lust/ig

SUBSTANTIV/ig

4.2 Adjektive aus SUBSTANTIV + -los/-frei/-reich/-voll

geschmack/los = ohne Geschmack
unfall/frei = ohne Unfall
zahl/reiche = viele
phantasie/voll = mit (viel) Phantasie

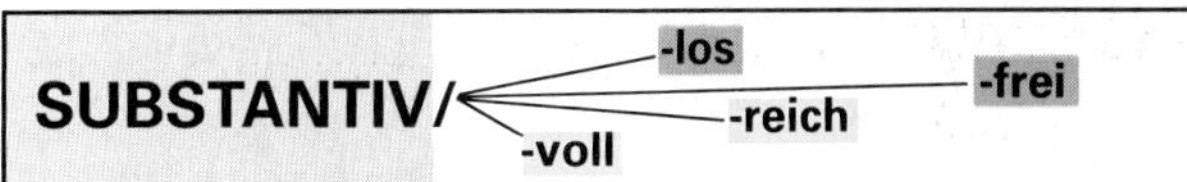

4.3 Adjektive aus un- + ADJEKTIV/PARTIZIP

freundlich ⟷ un/freundlich
kultiviert ⟷ un/kultiviert
gemütlich ⟷ un/gemütlich

gebügelt ⟷ un/gebügelt
bekannt ⟷ un/bekannt
tolerant ⟷ in/tolerant ⚠

Wortbildung (3): Mehrfache Derivation 5

frisch → er/frisch/en → die Erfrisch/ung
fern → ent/fern/en → die Entfern/ung
größer → ver/größer/n → die Vergrößer/ung
besser → ver/besser/n → die Verbesser/ung

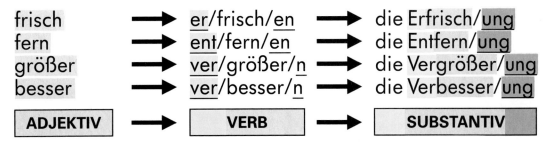

ADJEKTIV → VERB → SUBSTANTIV

Ü 1

16B

Ü1 **Machen Sie Verben, Substantive, Adjektive.**
Sehen Sie dann im Wörterbuch nach: Gibt es die Wörter? Wenn ja: Was bedeuten sie?

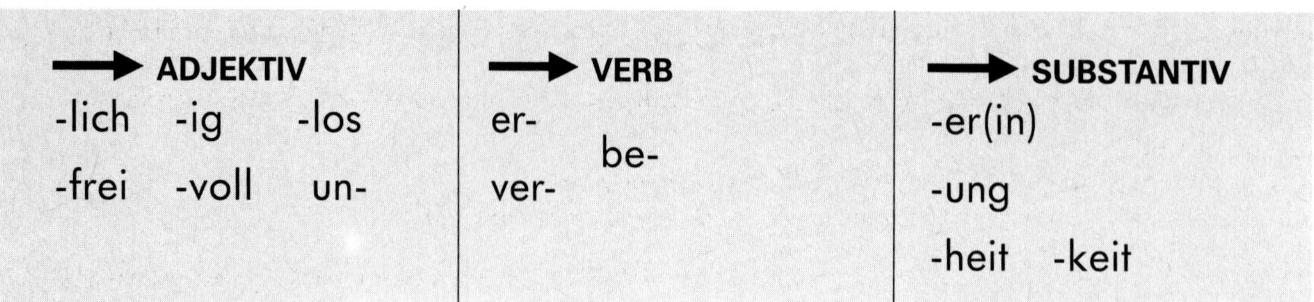

Adjektive

freundlich, schön, besser, schlecht, gerecht, möglich, leicht, kalt, richtig, gleich, ...

Verben

kaufen, packen, zählen, wohnen, geben, suchen, rechnen, ziehen, dienen, ...

Substantive

Natur, Kleid, Angst, Musik, Zeit, Geschmack, Zahl, Volk, Rat, Frage, Liebe, ...

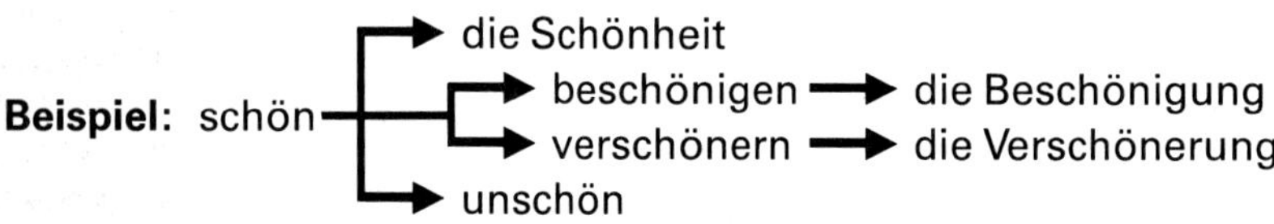

Unregelmäßige Verben: Stammformen

Hinweis: Die Verben mit trennbarem Präfix haben dieselben Stammformen wie die entsprechenden Verben ohne Präfix.
Die Stammformen dieser Verben finden Sie bei den entsprechenden „einfachen" Verben (ohne Präfix).

Beispiel: ab/laufen
Die Stammformen finden Sie bei *laufen: läuft – lief – ist gelaufen;*
die Stammformen von *ab/laufen* heißen also: *läuft ab – lief ab – ist abgelaufen.*

Infinitiv	Präsens: 3. Sg.	Präteritum: 3. Sg.	Partizip II (Perf.: 3. Sg.)
B			
(sich) begeben	begibt (sich)	begab (sich)	hat (sich) begeben
begehen	begeht	beging	hat begangen
beginnen	beginnt	begann	hat begonnen
behalten	behält	behielt	hat behalten
bekommen	bekommt	bekam	hat bekommen
beschreiben	beschreibt	beschrieb	hat beschrieben
besitzen	besitzt	besaß	hat besessen
bestehen	besteht	bestand	hat bestanden
betragen	beträgt	betrug	hat betragen
biegen	biegt	bog	hat/ist gebogen
bieten	bietet	bot	hat geboten
binden	bindet	band	hat gebunden
bitten	bittet	bat	hat gebeten
bleiben	bleibt	blieb	ist geblieben
braten	brät	briet	hat gebraten
brechen	bricht	brach	hat/ist gebrochen
bringen	bringt	brachte	hat gebracht
D			
denken	denkt	dachte	hat gedacht
dringen	dringt	drang	ist gedrungen
E			
empfehlen	empfiehlt	empfahl	hat empfohlen
empfinden	empfindet	empfand	hat empfunden
entgehen	entgeht	entging	ist entgangen
entscheiden	entscheidet	entschied	hat entschieden
entstehen	entsteht	entstand	ist entstanden
(sich) ergeben	ergibt (sich)	ergab (sich)	hat (sich) ergeben
ergreifen	ergreift	ergriff	hat ergriffen
erhalten	erhält	erhielt	hat erhalten
erkennen	erkennt	erkannte	hat erkannt
erringen	erringt	errang	hat errungen
erwerben	erwirbt	erwarb	hat erworben
essen	ißt	aß	hat gegessen
F			
fahren	fährt	fuhr	ist gefahren
fallen	fällt	fiel	ist gefallen
fangen	fängt	fing	hat gefangen
finden	findet	fand	hat gefunden
fliegen	fliegt	flog	ist geflogen
fressen	frißt	fraß	hat gefressen
frieren	friert	fror	hat gefroren
G			
geben	gibt	gab	hat gegeben
gefallen	gefällt	gefiel	hat gefallen
gehen	geht	ging	ist gegangen
gelten	gilt	galt	hat gegolten
genießen	genießt	genoß	hat genossen
geschehen	geschieht	geschah	ist geschehen
gestehen	gesteht	gestand	hat gestanden
gewinnen	gewinnt	gewann	hat gewonnen
gießen	gießt	goß	hat gegossen
greifen	greift	griff	hat gegriffen
H			
halten	hält	hielt	hat gehalten
heben	hebt	hob	hat gehoben
heißen	heißt	hieß	hat geheißen
helfen	hilft	half	hat geholfen
K			
kennen	kennt	kannte	hat gekannt
klingen	klingt	klang	hat geklungen
kommen	kommt	kam	ist gekommen
kriechen	kriecht	kroch	ist gekrochen
L			
laden	lädt	lud	hat geladen
lassen	läßt	ließ	hat gelassen

Infinitiv	Präsens: 3. Sg.	Präteritum: 3. Sg.	Partizip II (Perf.: 3. Sg.)
laufen	läuft	lief	ist gelaufen
leiden	leidet	litt	hat gelitten
leihen	leiht	lieh	hat geliehen
lesen	liest	las	hat gelesen
liegen	liegt	lag	hat gelegen
M			
meiden	meidet	mied	hat gemieden
mögen	mag	mochte	hat gemocht
N			
nehmen	nimmt	nahm	hat genommen
nennen	nennt	nannte	hat genannt
P			
pfeifen	pfeift	pfiff	hat gepfiffen
Q			
quellen	quillt	quoll	hat/ist gequollen
R			
raten	rät	riet	hat geraten
reiben	reibt	rieb	hat gerieben
reißen	reißt	riß	hat/ist gerissen
reiten	reitet	ritt	ist geritten
riechen	riecht	roch	hat gerochen
rufen	ruft	rief	hat gerufen
S			
schaffen	schafft	schuf	hat geschaffen
scheiden	scheidet	schied	hat/ist geschieden
scheinen	scheint	schien	hat geschienen
schießen	schießt	schoß	hat geschossen
schlafen	schläft	schlief	hat geschlafen
schlagen	schlägt	schlug	hat geschlagen
schließen	schließt	schloß	hat geschlossen
schneiden	schneidet	schnitt	hat geschnitten
schreiben	schreibt	schrieb	hat geschrieben
schreien	schreit	schrie	hat geschrien
schwimmen	schwimmt	schwamm	ist geschwommen
sehen	sieht	sah	hat gesehen
singen	singt	sang	hat gesungen
sitzen	sitzt	saß	hat gesessen
sprechen	spricht	sprach	hat gesprochen
springen	springt	sprang	ist gesprungen
stehen	steht	stand	hat gestanden
stehlen	stiehlt	stahl	hat gestohlen
steigen	steigt	stieg	ist gestiegen
sterben	stirbt	starb	ist gestorben
streichen	streicht	strich	hat gestrichen
T			
tragen	trägt	trug	hat getragen
treffen	trifft	traf	hat getroffen
treten	tritt	trat	hat/ist getreten
trinken	trinkt	trank	hat getrunken
tun	tut	tat	hat getan
U			
unterbrechen	unterbricht	unterbrach	hat unterbrochen
(sich) unterhalten	unterhält (sich)	unterhielt (sich)	hat (sich) unterhalten
unterstreichen	unterstreicht	unterstrich	hat unterstrichen
V			
vergessen	vergißt	vergaß	hat vergessen
vergleichen	vergleicht	verglich	hat verglichen
vergraben	vergräbt	vergrub	hat vergraben
verlassen	verläßt	verließ	hat verlassen
verlieren	verliert	verlor	hat verloren
verschieben	verschiebt	verschob	hat verschoben
verschließen	verschließt	verschloß	hat verschlossen
verschlingen	verschlingt	verschlang	hat verschlungen
verschwinden	verschwindet	verschwand	ist verschwunden
verstehen	versteht	verstand	hat verstanden
W			
weichen	weicht	wich	ist gewichen
weisen	weist	wies	hat gewiesen
werden	wird	wurde	ist geworden
werfen	wirft	warf	hat geworfen
wissen	weiß	wußte	hat gewußt
Z			
zergehen	zergeht	zerging	ist zergangen
ziehen	zieht	zog	hat gezogen